L'espérance et l'inattendu ne déçoivent pas

Benoît de Sagazan
Rédacteur en chef

Du 24 décembre 2024 au 6 janvier 2026, les catholiques du monde entier sont invités à Rome pour une année jubilaire, 25 ans après celle de l'an 2000. Plus de 30 millions de pèlerins y sont attendus dont plusieurs centaines de milliers de Français.
Dans la bulle d'indiction promulguée le 9 mai, et dont le titre porte un verset de l'épître de Paul aux Romains, « L'espérance ne déçoit pas » (Rm 5,5), le pape François revient sur le sens du pèlerinage : « Le pèlerinage à pied est très propice à la redécouverte de la valeur du silence, de l'effort, de l'essentiel. L'année prochaine encore, les pèlerins de l'espérance ne manqueront pas d'emprunter des chemins anciens et modernes pour vivre intensément l'expérience jubilaire. [...] Transiter d'un pays à l'autre comme si les frontières étaient abolies, passer d'une ville à une autre dans la contemplation de la création et des œuvres d'art, permettra de tirer profit des expériences et des cultures diverses pour porter en soi la beauté qui, harmonisée par la prière, conduit à remercier Dieu pour les merveilles qu'Il a accomplies. »
« Transiter d'un pays à l'autre » c'est le voyage que promet tout sommaire du *Monde de la Bible*. Notre revue ne pouvait pas passer à côté du jubilé romain. Mais dans la programmation d'un numéro, il y a ce qui est prévu et l'imprévu.
Prévus sont les deux articles en section Italie. Le premier présente les quatre portes saintes des basiliques majeures ouvertes exceptionnellement pour l'événement (p. 52-55). Le second relate le récit de Dante et de Giovanni Villani qui ont participé au premier jubilé romain en 1300 (p. 46-51).
L'imprévu réside dans le reportage de Cécile Lemoine sur le centre Piccirillo à Bethléem (p. 20-29). Notre commande visait à rejoindre des artisans chrétiens palestiniens dans leur quotidien avant Noël. Nous savions leur situation particulièrement compliquée depuis le drame du 7 octobre 2023. Mais la lecture du texte a livré une information inattendue : la commande par le Vatican d'une grande étoile nacrée qui sera exposée à Saint-Pierre de Rome durant l'année jubilaire ! Bethléem rejoint Rome.
Chaque numéro du *Monde de la Bible* contient des concordances imprévues entre deux ou trois articles. Ces inattendus font souvent le sel de nos lectures a posteriori. ✣

L'intérieur du dôme de la basilique Saint-Pierre, au Vatican.

Le Monde de la Bible est édité par Bayard, Société anonyme à Directoire et Conseil de Surveillance au capital de 16 500 000 €.
18, rue Barbès 92128 Montrouge cedex. Téléphone : 01 74 31 60 60

Directoire :
Pascal Ruffenach (président et directeur de la publication), Dominique Greiner, Florence Guémy et Jean-Marie Montel (directeurs généraux).
Président du Conseil de Surveillance :
Hubert Chicou.
Actionnaires : **Augustins de l'Assomption (93,7 % du capital), SA Saint-Loup, Association Notre-Dame de Salut.**
Directeur du secteur Culture et Religion et directeur des rédactions :
Jean-Pierre Denis.

RÉDACTION

Rédacteur en chef : **Benoît de Sagazan.**
Rédacteur en chef visuel et conception graphique : **Marc Guillon.**
Secrétaire de rédaction unique :
Hélène Roquejoffre.
Maquettiste : **Laurent Sangpo.**
Iconographe : **Frédéric Mazuy, Sarah Preston**
Assistante : **Djamila Hellal.**
Pour joindre la rédaction : 01 74 31 59 70
ou mondedelabible@groupebayard.com

ADMINISTRATION

Direction commerciale : **Frédérique Brulé.**
Responsable communication et partenariats : **Marion de Geyer.**
Responsable voyages et pèlerinages :
Corinne Miguel.
Direction marketing diffusion et audience :
Aurore Bertrand, directrice,
Julia Genty-Drouin, responsable,
Émilie Robion, cheffe de marché.
Direction des terrains catholiques :
Cédric Bloquet, directeur.
Contrôle de gestion : **Elda Frey.**
Fabrication : **Grégory Cervantes.**
Publicité : **Antoine Mayran de Chamisso** (Tél. : 01 74 31 69 18).
Impression : **MAURY Imprimeur S.A.S.**
ZI Route d'Étampes 45330 Malesherbes

N° de commission paritaire 1127 K 82448. ISSN : 0154-9049. ISBN : 9-791029-617614. Dépôt légal à parution. Abonnements (4 revues+ la newsletter abonnés + la bibliothèque numérique) Bayard-TSA 60007, 59714 Lille Cedex 9. Pour vous abonner : 01 74 31 15 01. Pour gérer votre abonnement : 01 74 31 15 01. N° de téléphone de l'étranger : 00 33 1 74 31 15 01. Contact : https://librairie-bayard.com/serviceclient. Suivi de votre abonnement en ligne : https://librairie-bayard.com. Un an : France 79 €. Union européenne, DOM TOM et pays à accords postaux (par avion) 94 €. Autres pays (par avion) 104 €. Belgique et Luxembourg : Bayard Benelux – Da Vincilaan, 1 – 1930 Zaventem. Tél : 0800/250.38 (de Belgique, gratuit) ou 00 32 87 30 87 32 (de France) ou 08002/9195 (du Luxembourg). www.librairie-bayard.com (79 €). Canada : Bayard Canada, Novalis, C. P. 990, succ. Delorimier, Montréal H2H 2T1 Tél. : 00 1 514 278 3025 (de France) ou 1 866 600 0061 (120 $ Can, HT). Suisse : Edigroup SA, 39 rue Peillonnex, CH-1225 Chène-Bourg (140 CHF) Tél. : 00 41 22 860 84 02 abobayard@edigroup.ch (140 CHF).
Ce numéro du *Monde de la Bible* comporte une couverture différente pour les abonnés et pour la vente au numéro avec un texte et un visuel différenciés.

En couverture : © Dmitry Rukhlenk o/ GettyImages (ABONNÉS). *Adoration des mages*, Georges Trubert, XVᵉ siècle. Ms 48, fol. 59 r. © The J.Paul Getty Museum, Los Angeles (KIOSQUE).
Illustrations (portraits & cartes) : Iris Hatzfeld.Typographies : Aiglon, PS Fournier & Retiro Pro de Typofonderie. Arek Latin de Rosetta Type Foundry. Francesco de Production Type. Harbour d'Alias. Kedem d'AlefAlefAlef. PF Hellenica de Parachute. The Cleopatras d'Ikiiko Type. Ce numéro comporte : une relance *Le Monde de la Bible* posée sur une partie de la diffusion.
Origine du papier : France ; Taux de fibres recyclées : 0 % ; Origine des fibres : papier issu de forêts gérées durablement ; Impact sur l'eau : Ptot 0,010 kg/T.

Bipel
Notre métier : vous accompagner vers des destinations qui font voyager l'âme.
Voyagez en Égypte,
où histoire du christianisme, tradition et patrimoine se mélangent !
Vous souhaitez participer à un pèlerinage ?
Vous désirez organiser un pèlerinage ou un voyage en Égypte dans un cadre extraordinaire ?
Consultez nos offres et contactez-nous.
www.bipel.com
Le monastère Saint-Antoine, ou Deir Mar Antonios, dans la région montagneuse proche du golfe de Suez.
IMO35100040 - Conception Bayard Service (www.bayard-service.com) - Photo : Bipel.

BIENVENUE DANS MON PAYS
L'Égypte

Je m'appelle Dina Tadros
née au Caire, d'une famille de la Haute-Égypte.

AVANT MES ÉTUDES DE POLYTECHNIQUE, j'ai été élevée chez les sœurs catholiques, au collège du Sacré-Cœur à Héliopolis, ce quartier fondé par le baron Empain en 1905. Mon métier depuis 30 ans est d'organiser des voyages et de faire découvrir aux autres les merveilles de mon pays, qui est le berceau de toutes les civilisations et religions. Ce pays, qui a la plus longue histoire et de grands monuments intacts, témoigne encore des merveilles réalisées par mes ancêtres depuis la nuit des temps.
C'est pourquoi, les circuits touristiques sont variés pour permettre de visiter l'Égypte dans sa longueur et sa largeur : les monuments colossaux de l'Égypte ancienne des pharaons ; l'Égypte gréco-romaine ; l'Égypte chrétienne, copte et byzantine ; l'Égypte islamique ; et l'Égypte contemporaine très vaste et riche.
L'Égypte est aussi une terre sainte, plusieurs fois citée dans la Bible et même dans le Coran. Une terre sainte visitée par tous les grands prophètes, nos pères Abraham, Jacob, Joseph, Élie. C'est aussi le pays de Moïse et de l'exode, la transfiguration du Dieu et le don des premières tables de la Loi à Moïse dans le Sinaï égyptien. À cet endroit, se visitent le buisson ardant et le puits de Moïse dans l'enceinte du plus célèbre monastère du monde, celui de Sainte-Catherine. Situé au pied du mont Moïse, le monastère conserve les plus anciens manuscrits du monde, la deuxième bibliothèque chrétienne en manuscrits après le Vatican.
Le pays qui a été la terre de refuge de la Sainte Famille lors de la fuite en Égypte est une terre bénie par le Seigneur lui-même qui accomplit la prophétie du livre d'Isaïe : « Je bénis L'Égypte, mon peuple » (19,25).
On peut découvrir le pays en suivant différents itinéraires : sur les pas de Moïse, sur le chemin de la Sainte Famille, ou sur l'histoire de l'Église copte, fondée par saint Marc l'évangéliste, qui institua l'école théologique d'Alexandrie, la toute première de l'histoire de la chrétienté.
Rappelons aussi que l'Égypte a offert au christianisme un des plus beaux cadeaux : la vie érémitique et monastique fondée par les Pères du désert Paul de Thèbes et Antoine du Désert. Ces monastères sont encore actifs et visitables.
Bien sûr, le Nil éternel permet de se promener en hôtel flottant dans ce pays, véritable musée à ciel ouvert. On y découvre la seule « merveille des merveilles » du monde antique encore debout : la fameuse pyramide de Khéops, proche du Sphinx.
Nous attendons avec impatience l'ouverture du grand musée de la Civilisation, pour revoir les trésors de Toutankhamon, de Tanis...
Il y a tant à dire et à découvrir en Égypte ! ✣

Propos recueillis par **BENOÎT DE SAGAZAN**
Illustrations : **ALEKSI CAVAILLEZ**

BIENVENUE DANS MON PAYS
L'Égypte par Dina Tadros

UN LIVRE
L'Égypte est le pays de la littérature depuis la nuit des temps. Je vous choisis l'écrivain Naguib Mahfouz, prix Nobel de littérature, et son livre *Les enfants de notre ruelle*, qui avait fait polémique lors de sa première édition en 1959.

UN VERRE DE VIN
La vigne est une culture ancestrale en Égypte, connue depuis l'Antiquité. Je vous invite à découvrir les vins égyptiens qui viennent du cépage des jardins de Gianaclis, près d'Alexandrie, réputé dans le milieu méditerranéen.

UN FILM
L'Égypte, c'est le Hollywood arabophone, avec une industrie cinématographique primordiale dans tout le monde arabe et une longue histoire qui remonte aux frères Lumière. Nos films sont souvent sélectionnés dans les grands festivals de Cannes, de Venise… Nos célébrités sont mondialement connues, comme Omar el Shérif (Omar Sharif, en français) ou Youssef Shahin (Youssef Chahine en Europe).

LA LÉGENDE DE LA CHANSON
La chanteuse Oum Kalthoum est une légende de la chanson arabe. Surnommée aussi « L'astre de l'Orient », elle reste toujours une référence musicale dans tout le monde arabe.

LA SEMSEMIA
Cet instrument, figuré sur les murs des tombeaux des pharaons il y a des millénaires, demeure présent dans le folklore égyptien. Il résonne toujours comme une source de joie lors les festivités égyptiennes traditionnelles.

UN PLAT
La gastronomie égyptienne est essentielle dans la cuisine orientale, mais surtout ne manquez pas les pigeons farcis accompagnés de la « molokheya », la fameuse soupe verte égyptienne.

Ouadi Natroun
Monastère ste Catherine
Alexandrie
Ouadi Natroun
Héliopolis
Le Caire
Mont Sinaï
N
E
O
S
Al Muharraq
Pyramides Gizeh.
Louxor
Karnak
Assouan
L'ÉGYPTE
Les dunes.

SOMMAIRE

Bon voyage !

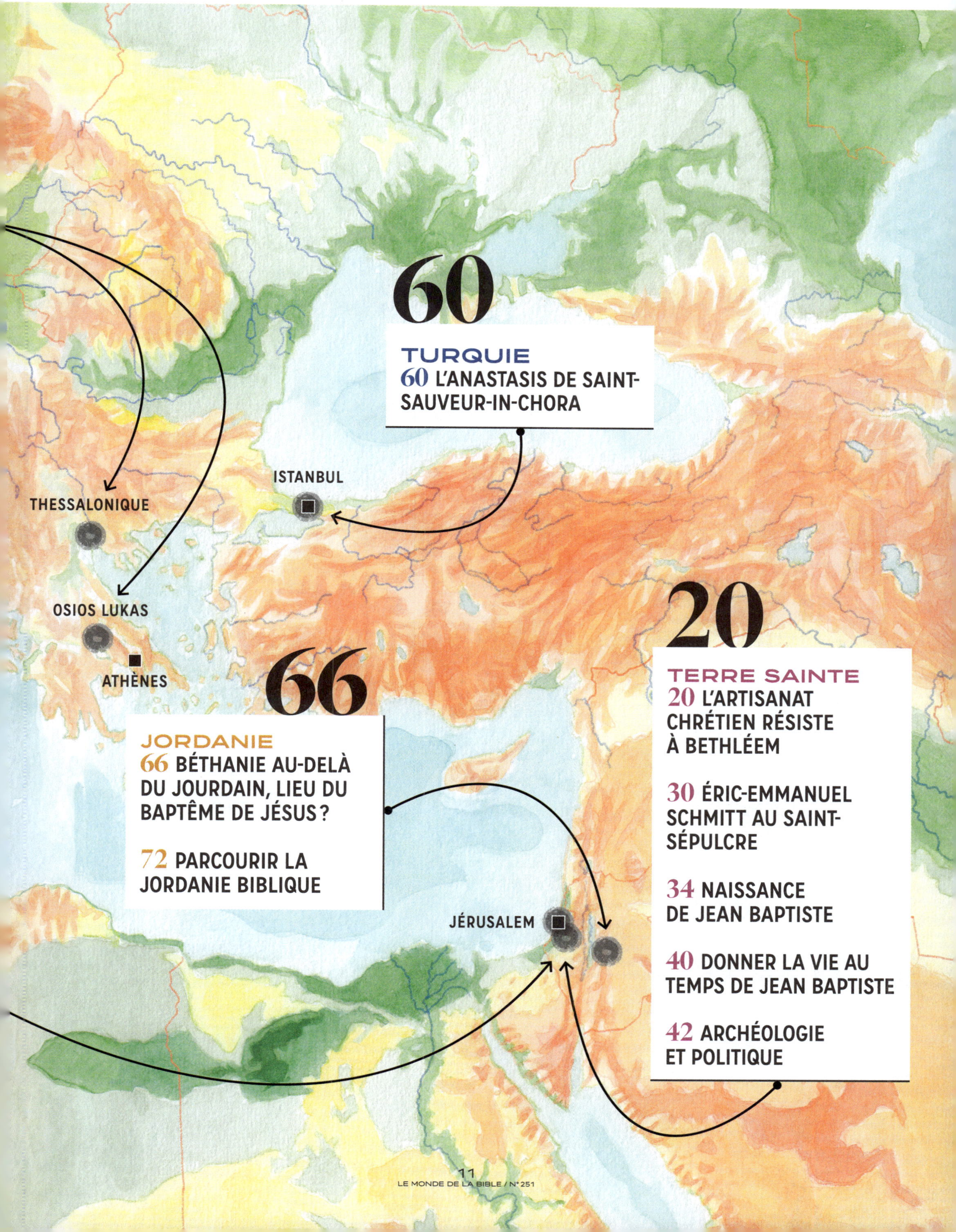

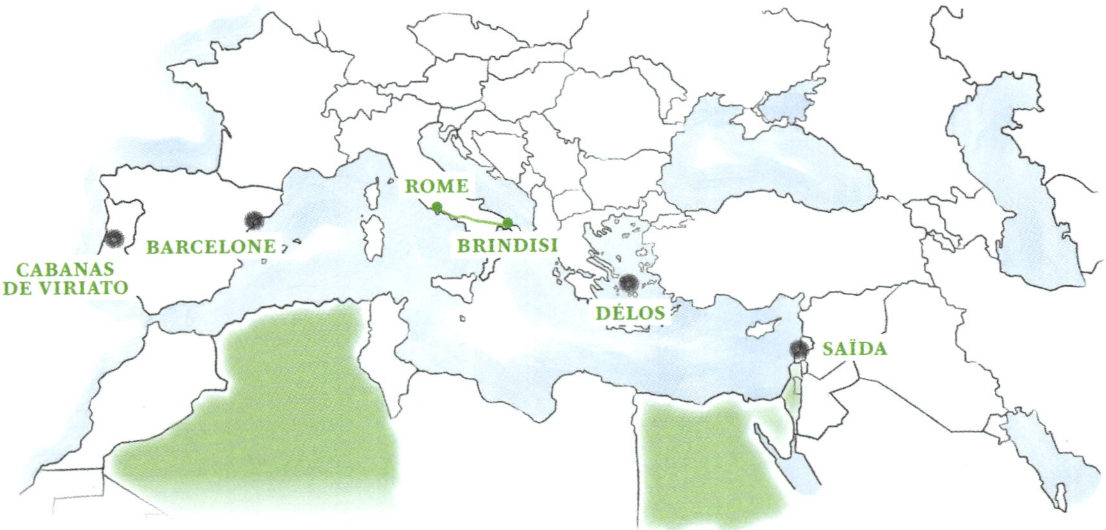

GRÈCE ➤ DÉLOS

Sauver Délos de la submersion

Selon une étude de l'Académie d'Athènes, l'île de Délos, dans l'archipel des Cyclades, classée au patrimoine mondial de l'Unesco, est sérieusement menacée par la montée des eaux de la Méditerranée. Le niveau de la mer a augmenté de près de 3 mm par an ces dernières décennies menaçant de l'engloutir après 2050. Le risque semble aggravé par les mouvements des plaques continentales qui provoquent l'enfoncement progressif de l'île. Or, Délos est un véritable musée à ciel ouvert, célèbre depuis l'Antiquité pour son sanctuaire dédié à Apollon qui y serait né selon la mythologie. La menace semble suffisamment importante pour que des chercheurs se penchent sur les moyens de la sauver.

© GEORGIOS GIANNOPOULOS

© ADOBESTOCK

ESPAGNE ➤ BARCELONE

La Sagrada Família objectif 2026

En chantier depuis plus de 140 ans, la basilique de la Sainte-Famille, la Sagrada Família, devrait être bientôt terminée. Dessinée par l'architecte emblématique de la ville de Barcelone, Antoni Gaudí, l'église dévoile peu à peu l'originalité de sa silhouette définitive, commencée en 1882 quand fut posée la première pierre. Dotée de 18 flèches dont les plus hautes culminent à plus de 170 m, elle ressemble tant extérieurement qu'intérieurement à une véritable forêt d'arbres en pierre. Selon Esteve Camps, président adjoint du Conseil de construction de la Sagrada Família, le chantier devrait être clos en 2026. Du moins pour ce qui concerne le bâtiment lui-même. Car demeure la question de l'escalier monumental qui devrait y mener et l'aménagement de ses abords, qui nécessiterait le déménagement de familles et la démolition de leurs logements. Une solution serait en passe d'être trouvée, sans qu'ils aient à renoncer à leur quartier. En attendant, la basilique se dresse fièrement et domine Barcelone dont elle deviendra à n'en pas douter l'icône emblématique.
À ce jour, elle est déjà le deuxième monument le plus visité du pays.

© MARCO BERTORELLO / AFP

LE CHIFFRE

32

millions de pèlerins (voire 40 millions selon certaines estimations), dont 800 000 Français, sont attendus à Rome à l'occasion du jubilé 2025 placé sous le signe de l'espérance. Ouvert le 24 décembre 2025, le jubilé sera clos le 6 janvier 2026.

ÉGYPTE

Le long du Nil en train de luxe

À partir de 2027, il sera possible de rejoindre Assouan depuis Le Caire à bord d'un train de luxe. Baptisé « Gardien du Nil », le train sera doté de 40 cabines pour 80 passagers. La croisière sur rail est opérée par Egypt National Railway et la société italienne Arsenale, spécialisée dans le tourisme ferroviaire.

TERRE SAINTE

Jésus-Christ géant

Une statue haute de 10 m représentant le Christ ressuscité étendant les bras a été fabriquée à Vérone (Italie). Imaginée par le franciscain Ibrahim Faltas, vivant à Jérusalem, et conçue par l'artiste italien Alessandro Mutto, la statue est destinée à coiffer le toit du lycée Terra Sancta dans le quartier chrétien de la Vieille Ville. Le Christ est habillé de silhouettes humaines en acier qui refléteront les couleurs du ciel selon les rayons du soleil et le moment de la journée. Pour le franciscain, cette œuvre veut exprimer la vision de Jésus ouvrant ses bras à tous et encourageant le pardon, la réconciliation et la paix.

ITALIE

La via Appia au patrimoine mondial

Joignant Rome à Capoue puis à Brindisi, cette voie pavée antique, dite via Appia, fait son entrée au patrimoine mondial de l'Unesco. Ainsi en a décidé le comité mondial réuni à Delhi (Inde) en juillet 2024. Longue de 500 km et ouverte en 312 av. J.-C., elle est certainement la voie romaine la mieux conservée au monde et l'une des plus belles aux yeux des Romains qui la qualifiaient de « reine des voies ». De nombreux sites archéologiques sont encore présents le long de cette route, dont les très nombreux monuments funéraires à la sortie de Rome. Elle reçut les premières bornes milliaires et fut fréquentée notamment en 65 par l'apôtre Paul lorsqu'il se rendit à Rome. La voie Appienne fut aussi empruntée plus tard par les pèlerins et les croisés allant vers la Terre sainte. Elle porte le nom de son initiateur, Appius Claudius Caecus, grand réformateur des institutions romaines et premier écrivain latin connu.

MÉDITERRANÉE

Pollution balnéaire

La Méditerranée attire chaque année entre 300 et 400 millions de touristes qui ne sont pas sans relation avec les 229 000 tonnes de déchets qui y sont déversés. « 95 % sont des déchets plastiques dont la moitié est directement liée au tourisme balnéaire », affirme Alexandre Iaschine, de la Fondation de la Mer.

© GIOVANNI VILLANI

© FILIPE AMORIM / AFP

PORTUGAL

Hommage au « Juste » de Bordeaux

À Cabanas de Viriato, au centre du Portugal, la Casa do Passal abrite depuis l'été 2024 un musée dédié à Aristides de Sousa Mendes (1885-1954), consul du Portugal à Bordeaux durant la Deuxième Guerre mondiale. Défiant les ordres du dictateur Salazar, le courageux consul a délivré, en juin 1940, 30 000 visas pour le Portugal à tous ceux qui le sollicitaient sans distinction « de nationalité, de race, de religion ». Mort dans la misère, Aristides de Sousa Mendes a été reconnu « Juste parmi les nations » en 1966 par le mémorial de Yad Vashem en Israël et son nom est inscrit depuis 2021 au Panthéon de Lisbonne.

LIBAN > SAÏDA

Le retour d'un dieu phénicien

Le Liban a récupéré en mai 2024 une très belle tête du dieu phénicien de la guérison Echmoun. Datée du IIe siècle av. J.-C., la sculpture avait été découverte par l'archéologue français Maurice Dunand sur le site du temple dédié au dieu guérisseur près de Saïda (Sidon). Elle fut volée, ainsi que 600 autres pièces, en 1981 lors de la guerre civile libanaise, sans doute par une milice qui avait besoin de se renflouer financièrement. Cette tête en marbre, réapparu en Allemagne lors d'une vente aux enchères, est la neuvième œuvre récupérée par le Liban depuis le vol de 1981.

© D.R.

ALGÉRIE

Quintupler le nombre de touristes

Fort des 2,5 millions de visiteurs accueillis en 2023, record inégalé depuis 20 ans, l'Algérie, pays de saint Augustin et de Charles de Foucauld, prend conscience du fort potentiel touristique qu'elle possède entre Méditerranée et Sahara. Pour satisfaire son ambition d'accueillir d'ici 2030 près de 12 millions de visiteurs, le pays a mis en place des moyens exceptionnels dont des lois nouvelles pour faciliter et sécuriser l'investissement en faveur des tourismes balnéaire, thermal, culturel et archéologique, sans oublier ceux du désert et de la montagne. Le plan vise aussi à améliorer la qualité des services d'accueil et des moyens de communication. Il souhaite également à terme la création de 300 000 lits supplémentaires pour bien accueillir ses visiteurs. ✠

SITE DE TIMGAD : © ADOBESTOCK

Pages rédigées par **LA RÉDACTION**

TURQUIE ➤ ZERZEVAN

Un temple à Mithra dans un château

Depuis 2017, le *mithraeum*, ou temple dédié au culte de Mithra, du château de Zerzevan (sud-est de la Turquie), livre peu à peu tous ses secrets. Les fouilles, dirigées par Aytaç Coşkun (université de Dicle), ont mis au jour la zone réservée aux initiés lors des cérémonies religieuses. L'ensemble de la structure, qui devait rester secrète, était en partie souterraine.

© MINISTÈRE GREC DE LA CULTURE

ESPAGNE ➤ CARMONA

Du vin pour les morts

Le plus vieux vin liquide connu a été découvert à Carmona, en Espagne, dans une tombe romaine encore inviolée. Le liquide, aujourd'hui rougeâtre, était pourtant du vin blanc comme l'ont montré les analyses chimiques. Il était contenu dans une urne cinéraire, mélangé aux cendres du défunt. Ce vin romain est très proche des vins espagnols actuels tels que le xérès.

GRÈCE ➤ NICOPOLIS

Un nouveau temple romain à Nicopolis

La cité romaine de Nicopolis (en Épire, au nord-ouest de la Grèce actuelle), littéralement « la ville de la victoire », a été fondée par Auguste en 28 av. J.-C., en commémoration de sa victoire à Actium, en 31 av. J.-C., contre Marc Antoine et Cléopâtre.
Lors de fouilles au cœur de ce site, près de l'agora, les archéologues ont mis au jour un bâtiment carré assez important. Au regard de son architecture et des objets découverts, il apparaît clairement qu'il s'agit d'un temple.
Une inscription votive située au niveau du dallage est dédiée aux empereurs par un fonctionnaire local. Il semble donc que ce temple était en lien avec le culte impérial, peut-être le *Sebasteion*. Dans tous les cas, il s'agit d'un des bâtiments les plus importants de l'agora de la cité.

© IAA

ISRAËL

Il était un petit navire

Des sous-marins robotisés d'une compagnie pétrolière sont tombés sur les restes d'un navire très ancien en pleine Méditerranée, à plus de 90 km des côtes israéliennes. L'étude de l'épave, menée par les archéologues de l'Autorité israélienne des antiquités, a permis de révéler que le bateau mesurait entre 12 et 14 m de long. Sa cargaison était composée de jarres, contenant encore de la matière organique, caractéristiques de la fin de l'âge du Bronze levantin. Afin de ne pas déstabiliser l'épave, seules deux de ces jarres ont été remontées à la surface. Les causes du naufrage ne sont pas connues ; les chercheurs émettent toutefois l'hypothèse d'une tempête ou d'une attaque de « pirates ». Datée des XIVe-XIIIe siècle av. J.-C., cette épave est particulièrement importante pour les chercheurs : il s'agirait de la plus ancienne découverte aussi loin des côtes dans cette zone de la Méditerranée. Selon Jacob Sharvit (IAA), à cette époque, les épaves connues sont près du rivage et témoignent de la pratique de la navigation par cabotage. Nous aurions donc, ici, la preuve que les marins de la fin de l'âge du Bronze savaient naviguer à l'aide des astres.

© IAA/DAFNA GAZIT

ISRAËL ➤ LOD

Un trésor caché dans la panique !

Lorsqu'un grand danger se profile, on a tendance à cacher ses économies dans l'espoir de venir les rechercher après.
C'est ce qu'ont découvert des archéologues de l'Autorité israélienne des antiquités à Lod, dans le centre d'Israël.
Enterré sous un bâtiment public, le trésor est composé de plus de 90 monnaies de bronze et d'argent, toutes datées du milieu du IVe siècle ap. J.-C.
Selon les chercheurs, le bâtiment appartenait à la communauté juive et devait servir de lieu de réunion pour les anciens, voire de synagogue.
Il semble avoir été brutalement détruit et non réoccupé.
Pour Mor Viezel (codirectrice des fouilles, IAA), cette découverte est à rapprocher d'une révolte juive méconnue, contre Constance Gallus (351-354), lors du règne de l'empereur romain Constance II.
Les rares textes antiques qui la mentionnent indiquent que l'armée romaine serait intervenue dans les villes de Tibériade, Sepphoris et Lod.
Il s'agit ici de la première preuve de la violence de la révolte dans cette ville.

ITALIE ➤ ERCOLANO

La plage à Herculanum

Si vous allez visiter la célèbre ville romaine de Pompéi, faites un crochet par Herculanum (Ercolano), elle aussi détruite lors de l'éruption du Vésuve de 79 ap. J.-C., à une dizaine de kilomètres au nord. Outre la ville extrêmement bien conservée, depuis fin juin 2024, il est possible de visiter la plage d'Herculanum qui avait été ensevelie sous plusieurs mètres de roches volcaniques. Bordées de hangars à bateaux, c'est là que s'est réfugiée une partie de la population de la ville, principalement des femmes et des enfants, dans le vain espoir d'être secourue par navires et d'échapper à l'éruption.

© MINISTÈRE ITALIEN DE LA CULTURE/EMANUELE ANTONIO MINERVA

© CEM GENCO / ANADOLU AGENCY / ANADOLU / AFP

ESPAGNE > SÉVILLE

Quand une église cache une synagogue médiévale

Lors de la restauration de l'église Santa María la Blanca à Séville, les vestiges d'une synagogue ont été découverts. Datée de 1252, il n'en reste que peu de traces, hormis l'Arche sainte *(Aron Kodesh)*, la niche où étaient conservés les rouleaux de la Torah. Cette découverte fait du bâtiment un témoin des trois religions monothéistes, étant à sa construction une mosquée, puis une synagogue et enfin une église.

TURQUIE > ALALAKH

Une liste d'achats akkadienne

C'est une drôle de découverte qui a été faite sur le site d'Alalakh, dans le sud de la Turquie : une minuscule tablette d'argile inscrite, pesant seulement 28 grammes. Datée du XVe siècle av. J.-C., elle est couverte d'une écriture cunéiforme, retranscrivant de l'akkadien. Il s'agit en réalité, d'après le ministre turc de la Culture et du Tourisme, Mehmet Nuri Ersoy, d'une liste d'achats de meubles en grande quantité. Elle permet d'approfondir notre vision du système économique de cette période. Mais elle ne nous dit pas s'ils étaient en kit !

ISRAËL > HORVAT TEVET

De la cire d'abeille dans des tombes cananéennes

C'est une découverte inhabituelle qu'ont faite des archéologues israéliens (IAA et université de Tel Aviv) lors de fouilles de sauvetage à Horvat Tevet, près d'Afula dans le nord du pays. En effet, plusieurs tombes de la fin de la période cananéenne (XIe-Xe siècle av. J.-C.) ont révélé la présence de cire d'abeille dans de nombreuses poteries. Interprété comme des offrandes ou en lien avec les rituels funéraires, il apparaît que la cire a été chauffée. Selon les spécialistes, deux hypothèses pourraient expliquer sa présence : diffuser une odeur agréable lors de la cérémonie funéraire ou préparer les corps en s'inspirant des pratiques égyptiennes. Il n'est également pas impossible que les deux pratiques aient eu lieu lors de ces rites funéraires.

ITALIE > SICILE

Touché coulé !

C'est un témoin de la grande histoire romaine qui a été découvert au large de la Sicile. Il s'agit du rostre d'un navire romain, sorte de bélier attaché à la proue qui avait pour but d'éperonner les navires adverses. Selon les chercheurs, il aurait été utilisé durant la première guerre punique, qui opposait Rome à Carthage, lors de la bataille des îles Égades, en 241 av. J.-C.

Ce fut une victoire décisive pour la République romaine. En bronze et composé d'éperons saillants, il est décoré d'un casque romain à trois plumes (dit de « Montefortino »). Il était utilisé par l'armée romaine de cette époque.

© SURINTENDANCE DE LA MER DE SICILE

Pages rédigées par **Laura Vié**, *archéologue, Institut français du Proche-Orient (Ifpo)*

AGENDA

© ADOBE STOCK

7 DÉCEMBRE 2024

Paris. Remise officielle de la **cathédrale Notre-Dame** par l'État à l'archevêque de Paris, affectataire. La première messe y sera célébrée le 8 décembre.

© ADOBE STOCK

DÉC. 2024-JANV. 2025

Rome. **Ouverture des portes saintes** 24/12, Saint-Pierre ; 29/12, Saint-Jean-de-Latran ; 01/01, Sainte-Marie-Majeure ; 05/01, Saint-Paul-hors-les-Murs.

© AGNIESZKA PAZDYKIEWICZ / SOPA IMAGES / LIGHTROCKET / GETTY IMAGES

6 JANVIER 2025

En Occident, **fête des Rois** en souvenir des mages venus adorer l'enfant Jésus.
En Orient, selon le calendrier julien : fête de Noël le 7 janvier.

PROCHE-ORIENT

La flamme de l'espoir

Devant les évêques et patriarches de l'Église latine dans les États arabes du Proche-Orient et de l'Afrique de l'Est reçus le 28 août, le pape François a remercié les communautés chrétiennes d'être « la flamme de l'espoir là où elle semble s'éteindre ! Puissiez-vous maintenir l'espérance allumée ! Soyez vous-mêmes, pour tous, des signes d'espérance, une présence qui nourrit des paroles et des gestes de paix, de fraternité, de respect, et qui invite à la raison, à la réconciliation… »

© YVAN TRAVERT / AKG-IMAGES

ITALIE ➤ ROME

Jubilé de l'espérance

Dans la bulle *Spes non confundit* (l'Espérance ne déçoit pas), le pape souhaite que « le premier signe d'espérance » du jubilé se « traduise par la paix pour le monde plongé, une fois encore, dans la tragédie de la guerre ». Le texte livre des propositions pour les prisonniers, les malades, les personnes âgées, les pauvres et les jeunes.

ARMÉNIE ➤ HAUT-KARABAKH

Effacer le patrimoine chrétien

Selon un rapport disponible sur le site eclj.org, le Centre européen pour le droit et la justice (ECLJ) dénonce l'effacement systématique du patrimoine chrétien arménien au Haut-Karabakh. Cette région, annexée de force par l'Azerbaïdjan en septembre 2023, possède un patrimoine chrétien millénaire riche. Face au refus de l'Azerbaïdjan de tout constat sur place, l'enquête est basée sur des images de satellite.
Le rapport fournit une liste exhaustive et documentée des sites du patrimoine religieux détruits, endommagés ou menacés entre septembre 2023 et juin 2024.
Il détaille également le révisionnisme culturel mené par l'Azerbaïdjan afin d'effacer à jamais la culture chrétienne arménienne. ✣

Pages rédigées par ***LA RÉDACTION***

TERRE SAINTE

À BETHLÉEM, L'ARTISANAT CHRÉTIEN NE VEUT PAS DEVENIR UN SOUVENIR

REPORTAGE

Texte : Cécile Lemoine - Bethléem (Cisjordanie occupée).
Photos : Lucien Lung

Alors que la guerre a mis à terre l'économie de Bethléem, le centre Piccirillo de la Custodie de Terre Sainte s'évertue à conserver un artisanat chrétien qui se meurt en formant des jeunes au travail de la nacre, du bois d'olivier et de la céramique. Une œuvre à la fois sociale, éducative... et thérapeutique.

Atelier de découpe du bois, au centre d'artisanat Piccirillo de Bethléem, en Cisjordanie. →

1. Une croix de nacre, créée par Bishara Zughbi il y a 120 ans, restaurée par l'atelier Piccirillo.
2. Salim Atick, le dernier maître nacrier de Bethléem.
3. Le centre forme des jeunes au travail de la nacre, du bois d'olivier (4) et de la céramique.

Un coup d'œil à droite, un coup d'œil à gauche. Salim Atick rectifie le geste d'un de ses deux élèves. «Vas-y plus franchement». Précis, il pousse le coquillage sous la lame de la scie circulaire. Un rectangle aux reflets verts moirés s'en détache et rejoint ses semblables dans un seau. C'est journée marqueterie à l'atelier du centre Piccirillo de Bethléem, et avant d'assembler la nacre, il faut la découper. Barbe rêche et lunettes sur le bout du nez, Salim a la rapidité agile des experts. À 60 ans, il est le dernier maître nacrier de Bethléem. Il a tout appris de son père, dans l'atelier duquel il passait ses étés. Dans la famille Atick, la passion de la nacre se transmet de père en fils depuis cinq générations.

Introduit à Bethléem au XVIe siècle par le franciscain italien Bernardino Amico, l'artisanat de la nacre a connu son véritable essor avec le renouveau des pèlerinages au XIXe siècle : friands de souvenirs religieux, les pèlerins dynamisent un artisanat qui est l'apanage des familles chrétiennes.

En parallèle des chapelets, croix et petites icônes confectionnés à partir de coquillages issus de la mer Rouge, puis de l'Asie, et dédiés aux touristes, certains ateliers se spécialisent dans la création de pièces magistrales : répliques du Saint-Sépulcre, bas-reliefs... Des chefs-d'œuvre de dentelle que s'arrachent les musées et dont la technique s'est éteinte avec leurs artisans. «La concurrence des souvenirs chinois, trop bon marché, a fait mourir les ateliers traditionnels, incapables de rivaliser avec ces prix», explique Salim Atick. Désormais seul à maîtriser l'ensemble des techniques, le maître nacrier s'est fait débaucher en 2017 par le centre Piccirillo de Bethléem pour y rejoindre l'équipe de formateurs. «C'est le dernier de son espèce», sourit fièrement Issa Kharoufeh, l'actuel directeur de ce centre fondé en 2014 par la Custodie franciscaine de Terre Sainte et la fondation Jean-Paul II dans l'idée de préserver cet artisanat chrétien ancestral tout en créant des emplois et en offrant des formations. Une œuvre sociale à 360°. «Il faut préserver l'artisanat de Bethléem, sinon tout sera fait en Chine, et on perdra ce qui fait l'identité de la culture chrétienne et son héritage aujourd'hui», souligne le directeur.

Tels les lutins du père Noël dans leur atelier, les artisans s'activent dans le bruit des souffleries et les nuages de poussière : en plus des croix et des plaques en nacre distribuées par la Custodie de Terre Sainte →

3

4

PHOTOS : LUCIEN LUNG

→

Gauche :
L'atelier où sont fabriquées les marqueteries de nacre (coquilles d'ormeaux, trie, polissage, assemblage...).

Droite :
Salim Atick (au centre), maître nacrier, discute avec ses apprentis dans l'atelier. Boutique de l'atelier Piccirillo de Bethléem.

PHOTOS : LUCIEN LUNG

→

Gauche : Rue commerçante du centre de Bethléem. Droite : Crèche en nacre confectionnée par l'atelier Piccirillo.

GLORIA IN EXCELSIS DEO

Gauche : Georges, un des artisans du centre.
Droite : Issa Kharoufeh, le directeur du centre Piccirillo, travaille sur une étoile géante faite de nacre commandée par le Vatican à l'occasion du jubilé 2025 pour la porte sainte de la basilique Saint-Pierre, à Rome.

→ à ses visiteurs les plus prestigieux, le centre travaille aussi la céramique et le bois d'olivier. Mo'taz Danoun assemble les éléments de petites crèches tandis que Mohammed Jubran sculpte la Sainte Famille. C'est tous les jours Noël à Bethléem.

Le centre emploie également huit chrétiens en situation de handicap mental ou physique, et dispense des cours à une centaine d'élèves de l'école Terra Sancta voisine. Issa et Hayam, deux élèves de seconde y ont passé l'été, sous les instructions de Salim Atick. Une manière de se faire un peu d'argent de poche et d'échapper au contexte violent et oppressant qui les entoure : « Quand je travaille avec mes mains, je suis concentré, et je ne pense à rien », explique le jeune Hayam, auteur d'une gravure de la mosquée d'al-Aqsa à l'intérieur d'un coquillage. Des vertus thérapeutiques qui rendent d'autant plus nécessaire le maintien à flot du centre, alors que les éléments se déchaînent. Nommé directeur en 2022, Issa Kharoufeh a récupéré un centre rendu moribond par deux années de Covid et doit désormais faire face aux conséquences de la guerre à Gaza, qui a une nouvelle fois chassé touristes et pèlerins du pays.

Le centre Piccirillo, tout comme la ville de Bethléem, dépend largement des revenus de cette industrie pour survivre. « C'est dur. On a vendu pour seulement 2 500 euros ce mois-ci », souffle Issa, en jetant un regard triste aux étagères trop remplies de la boutique. « Nous ne sommes pas une organisation à but lucratif, mais je dois assurer le paiement de vingt salaires et de la matière première. On survit à peine. »

Si les acheteurs ne peuvent pas venir à Bethléem, alors c'est Bethléem qui viendra à eux : Italie, Pologne, Chine, États-Unis... Issa mise tout sur l'exportation de son artisanat fait main pour renflouer un peu les caisses. Un téléphone à chaque oreille, l'énergique directeur règle les derniers détails d'une commande qui pourrait apporter autant de bénéfices que de renommée pour le centre : le Vatican leur demande de produire une étoile de la Nativité de cinq mètres de diamètre recouverte de marqueterie de nacre à l'occasion du jubilé 2025 « Pèlerins de l'espérance » qui se tiendra à Rome. L'œuvre accompagnera l'ouverture de la porte sainte de la basilique Saint-Pierre le 24 décembre 2024. Un clin Dieu vers la ville de naissance du Christ et cette Terre sainte qui attend si impatiemment le retour de ses pèlerins. ✣

PHOTOS : LUCIEN LUNG

TERRE SAINTE

© AFIF H. AMIREH

L'ESPRIT DES LIEUX

MA RENCONTRE AU SAINT-SÉPULCRE

par Éric-Emmanuel Schmitt

dramaturge, romancier, nouvelliste, essayiste, cinéaste

→

Convié par le Vatican, l'écrivain Éric-Emmanuel Schmitt, converti à la foi à l'âge de 28 ans, est allé en Terre sainte avec un groupe de pèlerins français. Il a rendu compte de ce voyage et de l'expérience spirituelle qui l'a transformé dans *Le défi de Jérusalem*, postfacé par le pape François.

→ « C'EST LE LIEU LE PLUS CONTRASTÉ OÙ JE SOIS ALLÉ, en tout cas celui qui a provoqué en moi les émotions les plus opposées. Ce voyage est né d'un coup de fil du Vatican : Lorenzo Fazzini, directeur des presses du Vatican, m'a dit : "Nous aimons beaucoup votre foi et la liberté avec laquelle vous l'exprimez. Sachant que vous n'êtes jamais allé en Terre sainte, nous aimerions rendre possible ce voyage afin que vous en reveniez avec un livre." J'ai répondu d'accord pour le voyage, non pour le livre : je ne l'écrirais que si ce déplacement m'en donnait la matière. J'étais évidemment passionné par l'idée d'aller en Terre sainte, d'autant plus envoyé par le Vatican, avec l'assurance de voir beaucoup de portes s'ouvrir. Je rejoindrais un groupe pour devenir un pèlerin parmi les pèlerins, puis je resterais seul plusieurs semaines, convaincu qu'il fallait consacrer du temps à ce voyage. Que j'en revienne déçu ou enthousiasmé au sens étymologique, il s'annonçait comme l'un des plus importants de ma vie.

Je suis parti en Terre sainte en septembre 2022. J'avais suivi les reportages sur les fouilles de 2016 avec une curiosité d'historien, mais sans aucune dimension spirituelle. Sur place, j'ai d'abord été déçu par le Saint-Sépulcre, par son architecture composite, la prolifération décorative des brocards et des lampes. Les couches s'y superposent, reflétant les goûts de différentes époques, mais pas forcément de la nôtre. Le tombeau du Christ lui-même, ce kiosque surchargé de marbres multicolores, n'évoquait pour moi ni les évangiles dont j'ai une vision ascétique, ni la vie spirituelle. Tout m'a paru se réduire à une accumulation, à un bazar religieux, à un souk de la foi.

Autour de moi, des pèlerins embrassaient le sol et allumaient des cierges, comportements dans lesquels je ne me reconnaissais pas. Je me suis senti étranger à ce lieu. J'en éprouvais même un rejet et je fus saisi de l'envie de fuir, sachant que je reviendrais le lendemain avec mon groupe. Je suis resté, par fatigue, par désœuvrement, par discipline. Ni par goût ni par appel. Agacé par cette organisation qui me rappelait un parc d'attractions, je me suis intégré à une file, comme au cinéma, laquelle conduisait à s'agenouiller au mont du Crâne, le Golgotha, où le Christ est censé avoir été supplicié et exécuté. De loin, j'ai observé la gymnastique du pèlerin : s'agenouiller, rester quelques secondes, se relever, faire un signe de croix.

C'est dans ce moment sceptique, voltairien et moqueur que j'ai été soudain saisi. Quand je me suis agenouillé à mon tour, j'ai ressenti un regard sur moi, une odeur corporelle dont je n'arrivais pas à déterminer la source, une chaleur qui serait celle d'une personne. Pourtant, il n'y avait que de la pierre autour de moi. Déconcerté, j'ai cherché des explications matérielles jusqu'à ce que l'événement balaie ma volonté rationaliste et pragmatique. Tout d'un coup, je suis passé du ressenti d'une absence à celui d'une présence, au mystère de cette présence que je ne m'expliquais pas avec mon intellect, mais que j'éprouvais dans mon corps. La présence d'un absent, d'un être censé être mort depuis deux mille ans... Puis le gardien qui réglait le mouvement des touristes m'a obligé à me relever, ce qui m'a bien arrangé car je me sentais perdu. Derrière un

---

Quelques dates

- **1960** naissance à Sainte-Foy-lès-Lyon (Rhône) ;
- **1991** première pièce de théâtre *La Nuit de Valognes*, suivie de nombreuses autres créations dont *Le Visiteur* en 1993 (rencontre hypothétique entre Freud et peut-être Dieu) au succès international ;
- **1988** première « extase mystique » vécue au Sahara algérien racontée dans *La Nuit de feu* (2015) ;
- **2000** *L'Évangile selon Pilate*, deuxième roman suivi de nombreux autres, sera adapté au théâtre sous le titre *Mes évangiles* ;
- **2012** élu à l'Académie royale de langue et de littérature françaises de Belgique ;
- **2016** élu membre du jury Goncourt ;
- **2022** « deuxième conversion » vécue au Saint-Sépulcre de Jérusalem, racontée dans *Le défi de Jérusalem* (Albin Michel, 2023).

Éric-Emmanuel Schmitt au Saint-Sépulcre et dans les rues de Jérusalem en septembre 2022.

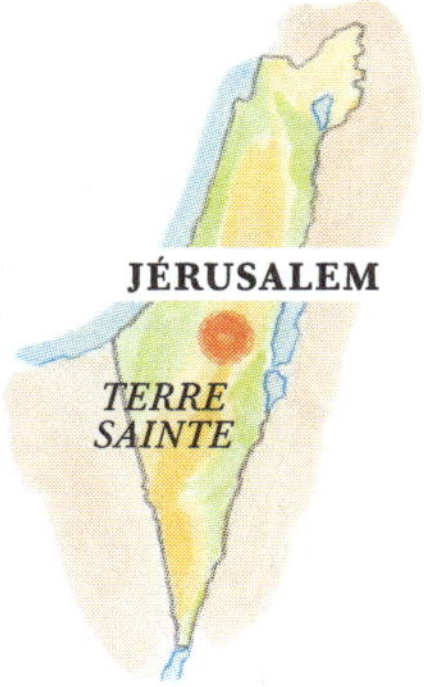

PHOTOS : © AFIF H. AMIREH

pilastre, j'ai doucement pris conscience du cadeau que je venais de recevoir et j'en pleurais de bonheur. Des heures qui suivirent, je n'ai plus aucun souvenir. Pendant les quinze jours où je suis resté seul à Jérusalem, je me suis assis tous les jours auprès des chats, sur la placette bordant le Saint-Sépulcre. Je n'entrais pas. Me réchauffer à l'extérieur suffisait. Il me paraissait indécent de solliciter à nouveau une grâce venue sans que je l'aie demandée ni espérée, sans même que je l'aie imaginée. Avant de partir, je m'étais attendu à méditer sur ces lieux, à forger des pensées neuves, pas davantage. Lorsque je suis entré au Saint-Sépulcre dans une humeur sceptique, Dieu, qui a beaucoup d'humour, m'a saisi dans cet état.

Aujourd'hui, je n'aime toujours pas cet endroit, mais il contient l'objet de mon adoration. Les catholiques, les orthodoxes grecs et les apostoliques arméniens se le partagent et se le disputent, mais cette disparité recèle un bon message : Jésus et les évangiles n'appartiennent à personne. Né athée dans une famille athée, j'ai reçu à 28 ans la foi dans le désert du Sahara, une expérience spirituelle et non religieuse. Ce rapport avec Dieu m'a donné une curiosité infinie pour toutes les religions. Intellectuellement, je me suis rapproché du christianisme par la lecture des évangiles, l'une des plus nourrissantes de ma vie. Au Saint-Sépulcre, mon christianisme intellectuel est devenu charnel. »

Propos recueillis par **Corinne Renou-Nativel**

PHOTOS : © ADOBE STOCK

NAISSANCE DE JEAN BAPTISTE

Seul évangéliste à raconter les débuts de Jean Baptiste, Luc élabore un récit de naissance miraculeux, étroitement mêlé à celui de Jésus. Quelle est l'intention de «l'historien» Luc ?

COMPRENDRE LA BIBLE (LUC 1,5-80)

JEAN DIT «LE BAPTISTE» N'A LAISSÉ AUCUNE TRACE ÉCRITE. Il ne nous est connu qu'en raison de la présentation littéraire que d'autres ont entreprise de son histoire. Ainsi, les quatre évangiles lui font jouer des rôles secondaires divers qui, chaque fois, et dans une évidente diversité de perspectives, le présentent comme une sorte de double de Jésus auquel, en même temps, il est clairement subordonné. Aucun d'eux ne raconte la vie de Jésus sans y intégrer la présence du Baptiste, mais aucun d'eux n'en livre la même interprétation. L'historien juif Flavius Josèphe (37/38-100), seule source non chrétienne à conserver la trace de Jean, le présente encore autrement : le scandale de son assassinat orchestré par le roi Hérode constitue l'unique objet de la brève notice qu'il lui consacre dans ses *Antiquités juives* (XVIII,116-119), sans établir aucun rapport avec Jésus, pas même mentionné. Bref, nous possédons peu de témoignages anciens concernant Jean Baptiste. Quant à sa naissance, seul Luc l'imagine nécessaire à son récit. Dans quelle intention fait-il preuve d'une telle originalité ?

La libre créativité de Luc

Historien, au sens antique du terme, Luc met soigneusement en valeur des documents qu'il reprend de traditions anciennes, tout en traitant avec beaucoup de liberté les événements qui avaient particulièrement attiré l'attention de ses prédécesseurs, notamment Marc et Flavius Josèphe. L'assassinat de Jean se résume pour Luc à deux mentions allusives totalisant trois versets (Lc 3,19-20 →

Gauche : L'église de la Visitation, à Ein Kerem, patrie de Jean Baptiste selon la tradition, située à 7 km à l'ouest de Jérusalem. Droite : *Saint Jean-Baptiste*, Matthias Stom, vers 1630-165, huile sur toile. Amsterdam, Rijksmuseum.

→ et 9,9), alors qu'il se présente sous la forme d'un drame exceptionnellement ample dans l'évangile de Marc (6,14-29), et qu'il constitue le principal élément narratif rapporté par Flavius Josèphe (AJ XVIII,116-119). Tout en conservant le canevas général de Marc, Luc prend manifestement soin de construire autrement le personnage de Jean. Ce n'est pas à la fin de sa trajectoire qu'il souhaite attirer l'attention, mais, au contraire, à son début. Il élabore donc un récit de naissance miraculeux, qu'il mêle étroitement à celui de Jésus (Lc 1,5-80), et qu'il ponctue de détails légendaires confirmant au passage son talent littéraire.

En observant le rôle que joue Jean dans toute l'œuvre de Luc, on comprend qu'il a pour ambition première de conforter son lecteur Théophile – et en réalité tout lecteur à sa suite – en organisant méthodiquement son propos (Lc 1,1-4). Pour ce faire, Luc travaille à rassembler en un récit cohérent les témoignages qui lui paraissent les plus crédibles. Arrive en première position le document dont s'est servi avant lui Matthieu, et qui regroupe les paroles de Jésus (appelé aussi «source des *logia*»). Cette source apporte une bonne partie de la prédication de Jean, à laquelle Marc ne s'était, au préalable, pas vraiment arrêté. Comme Matthieu, Luc raconte un Jean prédicateur. Mais il raconte aussi, et lui seul le fait, son enfance, à partir de documents qu'il a lui-même rassemblés (parmi eux le *Benedictus* de Zacharie: Lc 1,68-79). C'est donc à la libre créativité de Luc que ses lecteurs doivent le récit de naissance de Jean. Et quel récit!

Un récit programmatique

Pour la première fois, un évangéliste commence directement son récit par le développement d'une épopée familiale qui raconte la naissance et l'enfance de Jean Baptiste. La mise en scène de la visite de Marie à Élisabeth (Lc 1,39-56), qu'a préparée le parallélisme des annonciations (Lc 1,5-25 // Lc 1,26-38), permet de rendre compte du sens programmatique de la composition. La fonction du fils promis à Zacharie sera de se tenir prêt à annoncer la bonne nouvelle du salut qui signifiera, pour le monde entier, la naissance du fils promis à Marie, et l'inscrire dans la continuité de l'histoire de la promesse: «Quant à l'enfant, il grandissait et son esprit se fortifiait; et il fut

dans les déserts jusqu'au jour de sa manifestation à Israël» (Lc 1,80).

L'inscription de ces deux naissances successives et de l'entrée en scène du Baptiste dans l'histoire politique de l'Empire, autre touche originale de cet évangile, permet à Luc de placer les différents événements dans un ordre chronologique clair. Les références à Hérode le Grand (Lc 1,5), César Auguste, Quirinius (Lc 2,2), Tibère César, Ponce Pilate, Hérode, Philippe, Lysanias, Hanne et Caïphe (Lc 3,1-2) suggèrent la portée universelle respective de chacun des épisodes de ce récit des deux enfances et, en même temps, elles leur offrent le cadre littéraire d'une chronologie absolue : Gabriel, l'ange de Dieu, annonce la grossesse miraculeuse d'Élisabeth au prêtre Zacharie «au temps d'Hérode, roi de Judée» (Lc 1,5), promesse qui se réalise dès son retour à la maison (Lc 1,24-25). Luc intercale ensuite l'annonce à Marie, par le même Gabriel (Lc 1,26-38), prolepse nécessaire à la reconnaissance, par Élisabeth et par Jean, de la bénédiction qui repose sur l'enfant à venir : «Béni est le fruit de ton sein» (Lc 1,42).

Gauche : Le désert de Judée où Jean Baptiste prêche en Matthieu 3,1. Droite : *Saint Jean-Baptiste prêchant*, fresque de Lorenzo et Jacopo Salimbeni, 1416. Urbino, Oratoire Saint-Jean.

Une continuité discontinue

Une question se pose : quand donc Marie est-elle enceinte ? L'est-elle ou va-t-elle l'être ? Étonnamment, Luc omet d'indiquer dans sa chronologie, si détaillée tant qu'il s'agit d'Élisabeth et de Jean, le moment où il situe la conception de Jésus. L'expression «le fruit de ton sein» désigne la descendance de quelqu'un, sans préciser si le destinataire est une femme ou un homme (Ps 132,11 Septante), ni s'il s'agit d'une descendance passée, présente, à venir ou en devenir (Mi 6,7). Le lecteur de Luc ne peut donc pas présupposer que Marie soit déjà enceinte lors de son séjour de trois mois chez Zacharie et Élisabeth (Lc 1,56). La suite du récit semble plutôt indiquer le contraire. Luc date en effet la naissance de Jésus avec précision : elle →

→ prend place bien plus tard, « à l'époque où Quirinius était gouverneur de Syrie » (Lc 2,2). Publius Sulpicius Quirinius administra la province de 6 à 9 et, d'après Flavius Josèphe (AJ XVIII,26), il y organisa un recensement en 6/7, de sorte que près de neuf ans séparent l'âge des deux garçons qui vont, selon Luc, appartenir à deux époques distinctes. L'épopée des deux récits de l'enfance – celle du Baptiste, entièrement subordonnée à l'annonce de la venue prochaine du Sauveur (Lc 1,5-80), puis celle de Jésus, à laquelle le recensement de toute la terre confère une portée mondiale (Lc 2,1-52) – place les deux figures dans le contraste et la continuité discontinue d'une ultime voix de la prophétie en Israël et de son accomplissement universel : « La Loi et les prophètes vont jusqu'à Jean ; depuis lors, la bonne nouvelle du Royaume de Dieu est annoncée et tout homme déploie sa force pour y entrer. » (Lc 16,16). Luc sépare ainsi en deux périodes de l'histoire ce que ses prédécesseurs avaient uni.

Il est significatif que Luc évite tout contact direct entre Jean Baptiste et Jésus : de même que les grossesses et les enfances se succèdent, Jean a terminé son œuvre de précurseur et se trouve en prison au moment où Jésus vient pour se faire baptiser et entre en scène à son tour (Lc 3,18-32 ; 4,1-30). Le décalage chronologique que Luc impose se poursuit logiquement, de sorte que Jésus n'arrive dans le lieu où tout le peuple se fait baptiser que lorsque Jean Baptiste n'y est plus et ne peut plus y être. Comme promis à Théophile, Luc ordonne les événements et veille à éloigner Jean du temps de Jésus afin d'éviter entre eux tout parallélisme. Il établit une claire ligne de séparation entre Jean Baptiste, figure qui clôt la période de la prophétie, et l'époque de Jésus le Sauveur, qui constitue le milieu du temps. Les deux hommes appartiennent à deux périodes différentes, ils ne se rencontrent jamais, et les contacts entre eux se font exclusivement par personnes interposées. Toute confusion est écartée, et quand bien même Jean Baptiste est-il apparu comme le plus grand des prophètes, il restera plus petit que le plus petit dans le Royaume de Dieu, que ce soit à l'époque du Sauveur dont il annonçait la venue, qu'à celle de l'Esprit qui descendra sur les apôtres (Lc 7,28). ✣

Céline Rohmer
Institut protestant de Théologie, Faculté de Montpellier

À LIRE

▶ *Jean Baptiste, aux sources*, C. Rohmer, F. Vouga, éd. Labor et Fides, 2020.

La Visitation **(Élisabeth et Marie), Maître Heinrich de Constance (Allemagne), 1310-1320, bois peint et cristal de roche. New York, Metropolitan Museum of Art.**

Foi
Politique
Vie quotidienne
LA VIE PREND UN SENS
Culture
Information
Prières
Débats
RADIO NOTRE DAME
FM100.7 RADIONOTREDAME.COM
FM 100.7 PARIS IDF ET BEAUVAIS - FM 90.7 LAON - FM 90.6 NOYON
www.radionotredame.com
OU VIA L'APPLICATION
Télécharger dans l'App Store
DISPONIBLE SUR Google Play
RADIO NOTRE DAME VIT DE VOS DONS
Merci
Création FK Agency // Egga - Crédit photo : gettyimages

DONNER LA VIE AU TEMPS DE JEAN BAPTISTE

Dans la Bible, la procréation est au cœur de plusieurs bénédictions. Avoir des enfants est un devoir autant qu'une joie et l'on attend de la femme qu'elle en mette au monde un bon nombre.

VIE QUOTIDIENNE

PAR ***CAROLINE ARNOULD-BÉHAR,***
maîtresse de conférences en histoire de l'art antique et archéologie, ICP (Faculté des Lettres)

LA MATERNITÉ COMMENCE TÔT car les femmes se marient très jeunes. On peut prendre pour exemple celui de la princesse Bérénice, descendante d'Hérode le Grand, qui vécut au Ier siècle – celle qui tombera éperdument amoureuse de l'empereur Titus et inspirera Racine. Elle se marie à un âge que l'on situe entre treize et quinze ans. Devenue veuve à deux reprises, elle se remarie rapidement, ce qui est la règle. Le plus souvent, les femmes épousent des hommes plus âgés qu'elles, de sept ou huit ans en moyenne, ce qui explique les fréquents veuvages. Dans le cas de Bérénice, l'écart avec son second mari, qui n'est autre que son oncle paternel, est même beaucoup plus important : elle a seize ans, lui plus de cinquante... Si la polygamie est pratiquée aux époques anciennes, pour suppléer à la mortalité importante des femmes sans doute, elle n'a pratiquement plus cours à l'époque du Nouveau Testament. Une exception concerne les lévites qui se doivent d'épouser leur belle-sœur lorsqu'elle devient veuve, ceci afin d'assurer une descendance à la famille. Quelques autres cas de bigamie sont attestés, une singularité juive car dans l'Empire romain elle est interdite.

Durant sa période de fécondité, une femme tombe naturellement enceinte tous les deux ou trois ans. Ce n'est qu'une première étape. Encore faut-il qu'elle parvienne au terme de sa grossesse puis que l'enfant né puisse grandir et atteindre l'âge adulte. Dans l'Antiquité, toutes civilisations confondues, au moins un sur cinq n'y parvient pas. Selon une étude consacrée à l'Égypte romaine, la mortalité infantile aurait été encore plus forte. Pour avoir deux enfants en âge de se marier, une femme devait avoir donné naissance probablement quatre ou cinq fois.

L'étape des six premiers mois est cruciale. Avant, le fœtus n'est pas viable et les fausses couches sont très courantes. Selon le récit de Luc, Élisabeth ne révèle pas sa grossesse avant son cinquième mois. La fausse couche est redoutée mais un fléau bien pire est la stérilité. Une épouse qui n'a pu assurer de descendance à son mari ne sera d'ailleurs pas enterrée avec lui mais avec sa famille paternelle.

Après la naissance

À la suite de l'accouchement, la femme est considérée comme impure. Au terme de sept jours, elle se purifie en s'immergeant dans un bain rituel puis, quelques semaines plus tard, offre un sacrifice. Cela, avant l'année 70 qui voit la destruction du Temple et la suspension définitive des sacrifices. Les lois relatives à l'impureté rituelle, qui trouvent leur source dans le Lévitique, sont rigoureusement appliquées. Nul ne songe à y déroger. Le mari ne pourra s'approcher de son épouse qu'une fois celle-ci redevenue pure. Presque toujours, la mère allaite son enfant pendant ses deux premières années. Exceptionnellement, la famille a recours aux services d'une nourrice. Le nouveau-né se voit attribuer un nom et, s'il est un garçon, il est circoncis et présenté au Temple. Le prénom du père ou du grand-père est souvent choisi, comme pour la fille celui de la mère ou de la grand-mère. Le nom de Jean (*Yohanan* en hébreu), retenu par Zacharie et Élisabeth pour leur fils, est l'un des plus donnés à cette époque.

Comme tous les premiers-nés garçons, Jésus est présenté au Temple par ses parents en vue de son rachat symbolique par le prêtre. Zacharie, étant prêtre, n'est pas soumis au rituel de la présentation. Mais, comme tous les autres bébés de sexe masculin, son petit Jean est circoncis à l'âge de huit jours. Dans la classe sacerdotale, la question de pratiquer la circoncision ne se pose pas : elle est un commandement divin, le signe de l'alliance que Dieu conclut avec Abraham et ses descendants comme il est écrit dans la Genèse. Elle marque de plus l'appartenance à la communauté. Il en est pourtant qui, séduits par les mœurs gréco-romaines, renoncent à ce rite. D'autres mêmes qui ont recours à une opération pour dissimuler l'ablation de leur prépuce... Chez les juifs pieux de Judée, on reste attaché à la tradition. ✣

Gauche : Scène d'accouchement, relief romain, IIe-IIIe siècle. Ostie, Musée archéologique.
Droite : *La circoncision du Christ*, fresque de Teramo Piaggio, XVIe siècle. Chiavari, sanctuaire Nostra Signora delle Grazie.

ARCHÉOLOGIE ET POLITIQUE

Le Levant Sud regorge de découvertes archéologiques qui témoignent de la riche et longue histoire de cette région, mais elles peuvent aussi être exploitées à des fins politiques.

EN DIRECT DE JÉRUSALEM

Par ***Marie-Armelle Beaulieu*** *rédactrice en chef de* Terre Sainte Magazine *et correspondante du* Monde de la Bible *à Jérusalem*

Les pays de la Bible sont un terrain de jeu extraordinaire pour les archéologues. L'ancienneté des civilisations combinée aux facteurs qui favorisent un état de conservation exceptionnel au Levant Sud – aridité, absence de gel, qualité des matériaux dont la pierre, technicité des artisans, recouvrement naturel de sable ou de terre, développement urbain tardif et politiques de conservation et protection mises en place dès le début du XXe siècle – permettent des découvertes nombreuses et d'une richesse inestimable.

Le Levant Sud, c'est la région à laquelle appartient Jérusalem, Israël, Jordanie, Liban, Territoires palestiniens et le sud-ouest de la Syrie. C'est le nom que préconise d'adopter le professeur Dieter Vieweger de l'Institut protestant allemand d'archéologie, cherchant une appellation qui soit «géographiquement précise, mais aussi politiquement et ethniquement correcte». Tour à tour, rappelle-t-il, cette région a été sous la gouvernance «des Égyptiens, des Assyriens, des Babyloniens, des Perses, des Ptolémées, des Séleucides, des Romains, des Omeyyades, des Abbassides, des Fatimides, des croisés, des Ayyoubides, des Mamelouks, des Ottomans, des Français et des Anglais. Les noms changeaient en fonction du conquérant et de l'étendue du territoire conquis».

Chaque année, les découvertes archéologiques – et il y en a pratiquement une par mois – sont autant de pièces d'un puzzle en 3D de cette riche histoire dont les événements se succèdent et s'entremêlent. Ainsi en avril 2024, était présenté au public un récipient en ivoire d'éléphant de plus de 6000 ans;

1

© ASSAF PERETZ/IAA

3

2

© YOLI SCHWARTZ, AIA

1 et 2. Les vestiges de l'église byzantine de Rahat où ont été découvertes des gravures de bateaux laissées par des pèlerins. 3. L'anneau avec une représentation de la déesse Minerve découvert sur le mont Carmel.

brisé dans l'Antiquité, ses pièces ont été conservées dans des bols de pierre de basalte pendant des millénaires jusqu'à ce que des archéologues israéliens le restaurent. Quelles mains l'ont façonné mais qui eut l'idée de le conserver une fois cassé ?
En mai 2024, les fouilles d'une église de l'époque byzantine, à Rahat, située dans le nord du désert du Néguev ont mis au jour des gravures murales de navires vieilles de 1500 ans, probablement laissées par des pèlerins arrivés par la mer en Terre sainte. Accostant à Gaza, ils se dirigeaient vers Beer-Sheva avant de prendre la route qui les conduirait à Bethléem puis Jérusalem.
En juin 2024, à l'occasion de prospection de gaz naturel, a été découverte, à 1,8 km sous la surface de la mer, la cargaison d'un navire vieux de 3300 ans. →

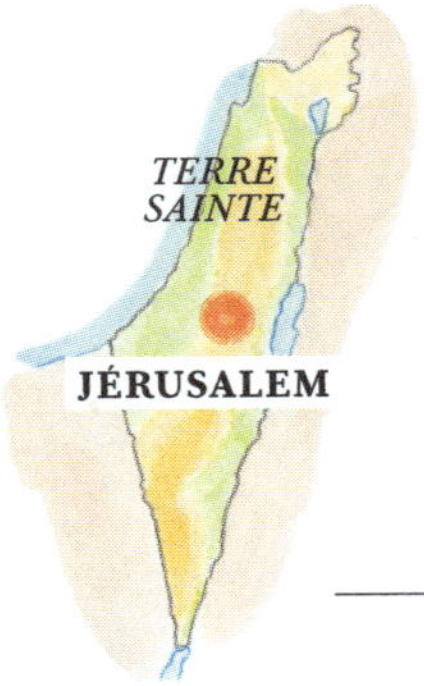

1 et 2. Bols dans lesquels étaient placés les morceaux d'une petite jarre en ivoire datée de 6000 ans.
3. Touristes et pèlerins dans les ruines de l'église dédiée à Jean Baptiste, à Sebastia, située en Cisjordanie (zone B).

© DAVIDA DAGAN/IAA

2

→ Dans l'épave, datée de la fin de la période cananéenne, ont été découvertes des amphores intactes destinées à transporter des produits agricoles, de l'huile, du vin et autres. Mais la cargaison met surtout en évidence les réseaux commerciaux entre les pays du Proche-Orient et leurs voisins méditerranéens à l'âge du Bronze. Retrouvée à 90 km des côtes, son étude va permettre d'en savoir davantage sur l'histoire maritime de la Méditerranée orientale 1500 ans av. J.-C.

En juillet 2024, lors d'une promenade en famille, un Israélien âgé de 11 ans découvrait un anneau représentant une figure nue, casquée, tenant un bouclier dans une main et une lance dans l'autre. D'après les archéologues de l'Unité de prévention des vols d'antiquités à qui a été remis l'objet, « il s'agit probablement de la déesse Minerve de la mythologie romaine, également connue sous le nom d'Athéna dans la mythologie grecque. Populaire pendant la période romaine en terre d'Israël, elle était vénérée comme la déesse de la guerre, de la stratégie militaire et de la sagesse ».

En juillet toujours, les archéologues, rendaient public les conclusions sur des fouilles menées dans un secteur de l'Ophel, la colline située au sud du mont Moriah et lieu de l'établissement de la ville qui devança Jérusalem, Jébus. Cette fois, il s'agit de la mise au jour partiel d'une tranchée de défense exceptionnellement profonde, longue et large. À ce stade, les archéologues avancent qu'elle était utilisée au IXe siècle av. J.-C., à l'époque des premiers rois de Judée, sans savoir par qui elle aurait été creusée. Ils n'écartent pas que les travaux aient pu avoir été conduits, à l'âge du Bronze, il y a environ 4000 ans. Conquise par le roi David au Xe siècle av. J.-C., les fouilles revêtent une grande importance pour tous les passionnés de l'histoire de la ville, mais elles font l'objet d'une exploitation politique douloureuse. La moindre découverte justifiant de nouvelles expulsions de leurs maisons de Palestiniens et un narratif israélien discutable.

L'ETHNICISATION DE L'HISTOIRE EST UN CONTRESENS.

Quand la politique s'en mêle

Beaucoup d'archéologues se battent pour continuer de travailler sur la période dont ils sont spécialistes même si leurs découvertes ne servent pas un discours politique et c'est tant mieux. Nombreux sont ceux parmi eux qui se sont insurgés contre un projet de loi israélien, présenté en juillet 2024, visant à annexer toute l'archéologie dans les Territoires palestiniens. Officiellement, il s'agit « d'appliquer des mesures contre la destruction des sites patrimoniaux dans la zone B de la Cisjordanie. » Officieusement, d'après l'ONG israélienne Emek Shaveh, le but est « de restreindre le développement et même de procéder à des démolitions dans les zones désignées comme sites d'antiquités ou soupçonnées de contenir des antiquités ». Le texte justifie que « ces découvertes archéologiques appartiennent au peuple d'Israël », et n'ont donc « aucun lien historique ou autre avec l'Autorité palestinienne ».

C'est comme si les Italiens d'aujourd'hui, décidaient d'annexer Nîmes, Arles, Lyon, Orange, Autun à l'Italie au motif que ces villes recèlent des trésors de l'illustre passé de l'Empire romain. L'ethnicisation de l'histoire est un contresens. ✢

Le premier jubilé à Rome en 1300

RÉCIT DE PÈLERIN

On doit au pape Boniface VIII (1217/1230-1303) l'institution en 1300 du premier jubilé romain proposant aux fidèles catholiques de bénéficier d'une indulgence plénière pour leurs fautes.

L'arrivée des pèlerins à Rome pour le jubilé de 1300, enluminure des *Chroniques* de Giovanni Sercambi, XVe siècle, N. 107 fol. 29r. Lucques (Italie), Bibliothèque publique.

→

→ **L**e premier jubilé à Rome est institué par la promulgation de la bulle jubilaire *Antiquorum habet fida relatio*, le 22 février 1300. Ce jour-là correspond à la fête de la chaire de saint Pierre.
Un grand pardon est accordé à tous les pèlerins sous deux premières conditions : avoir confessé ses péchés et avoir reçu l'absolution d'une part ; avoir visité et passé les portes saintes des basiliques romaines de Saint-Pierre et de Saint-Paul-hors-les-Murs d'autre part. Un rite recueille particulièrement la ferveur populaire : la vénération de la relique dite du « voile de Véronique », un linge sur lequel on vénérait la trace du visage du Christ.
On comprend bien que le pape a la volonté de fonder le jubilé sur les tombes des apôtres Pierre et Paul, martyrs à Rome et piliers de l'Église romaine. L'idée du pontife est de célébrer de tels jubilés tous les 100 ans. Mais cette intention centenaire ne tiendra pas dans le temps puisque le jubilé suivant est institué en 1350 ; 50 ans, c'est quasiment le rythme des jubilés juifs qui interviennent tous les 49 ans. Mais là encore, devant le succès que remportent les jubilés, leur fréquence s'accélère. Dès 1400 et jusqu'à aujourd'hui, les jubilés romains se succéderont tous les 25 ans.
Le premier jubilé fut quelque peu improvisé car aucuns travaux d'importance ne furent préalablement menés dans la Ville éternelle pour accueillir une foule en nombre. Mais à quelle motivation Boniface VIII répond-il vraiment ? Sur le site Internet du Vatican, aux pages dédiées au jubilé de l'an 2000, se trouve cette explication : « L'occasion lointaine [des jubilés] remonte au courant de spiritualité, de pardon, de fraternité qui se répandait alors dans toute la chrétienté, en opposition aux haines et aux violences qui prédominaient à cette époque. L'occasion immédiate est de se rallier à la rumeur, qui avait commencé à circuler en décembre 1299, selon laquelle, durant l'année du centenaire, les visiteurs de la basilique Saint-Pierre recevraient une "rémission très complète de leurs

Dante Alighieri, Andrea del Castagno, 1449-1450, fresque transposée sur toile provenant de la villa Carducci-Pandolfini, 247 x 153 cm. Florence, musée des Offices.

péchés". L'énorme affluence des pèlerins à Rome [amena] le pape Boniface VIII à accorder l'indulgence pendant toute l'année 1300 [...].»
Une autre hypothèse, plus souvent avancée chez les historiens, répondrait à la prise de Saint-Jean-d'Acre par les Mamelouks en 1291 qui marque la fin des royaumes chrétiens en Terre sainte, des croisades et des pèlerinages médiévaux. Rome devenant de ce fait une nouvelle Jérusalem occidentale, l'idée germa d'un grand pèlerinage dans la ville qui marquerait l'entrée dans le nouveau siècle.
Que sait-on des premiers jubilés ? Dans le détail pas grand-chose, mais deux pèlerins disent quelques mots de ce qu'ils ont vécu au milieu de la foule qui se masse alors à Rome, venue parfois de très loin, et de la ferveur du pèlerinage : Dante Alighieri et Giovanni Villani.

Le jubilé de Dante

Dans son œuvre magistrale, *La Comédie,* surnommée plus tard *La Divine Comédie*, qui raconte dans un long poème son pèlerinage mystique depuis l'enfer jusqu'au paradis en passant par le purgatoire, Dante Alighieri puise visiblement dans l'expérience vécue lors de la Semaine sainte de l'année jubilaire.
Né entre 1265 et 1267 à Florence et décédé à Ravenne en 1321, Dante n'est pas n'importe qui. Poète, écrivain et homme politique influent au sein de la République de Florence, il est aussi considéré comme l'un des pères de la langue italienne fondée sur le toscan. C'est dans cette langue qu'il commence vers 1303 à rédiger *La Divine Comédie*, devenue depuis l'un des chefs-d'œuvre de la littérature occidentale.
Dans un des 33 chants de *L'Enfer*, première partie de *La Divine Comédie*, il fait allusion à la foule qui envahit Rome lors des fêtes pascales, une foule si nombreuse qu'il faut imposer aux pèlerins un sens de circulation inédit en ville, notamment pour la traversée du Tibre :
« C'est ainsi que dans Rome, en raison de la foule pendant le jubilé fut établi cet ordre suivant lequel les gens doivent passer le pont, si bien que d'un côté les passants aperçoivent devant eux le château [Saint-Ange], comme ils vont vers Saint-Pierre, et les autres s'en vont tournés vers la montagne. » (*L'Enfer,* chant 18)
Aux yeux du poète florentin, même si le déclin de Rome est entamé, la Ville éternelle continue d'éblouir le visiteur. Sa vue produit sur le pèlerin un effet saisissant. Ainsi lit-on au chant 31 du *Paradis* :
« Si jadis [...], les barbares restèrent stupéfaits, apercevant de Rome les superbes palais, du temps où le Latran se trouvait au sommet des choses de ce monde, moi-même, qui venais de l'humain au divin et qui passais du temps à cette éternité et de notre Florence au peuple juste et pur, je laisse à deviner quelle était ma stupeur ! Et cependant par elle, ainsi que par la joie j'oubliais mon silence avec celui des autres.
Comme le pèlerin qui se fait un bonheur de visiter le temple où l'appelait son vœu, en pensant aux récits qu'il doit à ses amis, tout en me promenant dans la vive lumière, je suivais du regard chacun de ces gradins vers le haut, vers le bas ou bien tournant en rond.
J'y voyais des regards invitant à l'amour du prochain, où brillait la lumière d'en haut sur leur propre sourire, et de dignes abords. Déjà de mon regard je pouvais embrasser l'aspect du Paradis pris dans tout son ensemble. » (*Le Paradis,* chant 31)
Le pèlerin, comme tout autre, suit le rite demandé. Il n'échappe pas au franchissement de la porte sainte ni à la confession de ses fautes. Sans doute s'en souvient-il quand, dans le chant 9 du *Purgatoire*, il raconte la scène de purification au seuil du purgatoire, symbolisée par une porte sacrée, au sommet de trois marches et gardée par un ange :
« Et comme j'ouvrais grands les yeux, pour regarder, je l'ai bien vu [l'ange], debout sur la marche d'en haut, mais je n'ai pu souffrir l'éclat de son visage.
Il tenait à la main toute nue une épée dont les brillants reflets resplendissaient si fort, que souvent mon regard en restait ébloui.
"Écoutez-moi, là-bas : qu'est-ce que vous voulez ? commença-t-il à dire ; où reste votre escorte ? →

Repères

1291 Prise de Saint-Jean-d'Acre par les Mamelouks et chute des royaumes chrétiens de Terre sainte.
1300 Boniface VIII promulgue le 22 février le premier grand jubilé romain.
1309 Le pape Clément V, élu en 1305, s'établit à Avignon. Rome s'installant dans un marasme économique et une période agitée.
1350 Le pape Clément VI, quatrième pape d'Avignon, concède aux Romains un nouveau jubilé.

LE PREMIER JUBILÉ FUT QUELQUE PEU IMPROVISÉ.

→ Gardez que ce chemin ne vous coûte trop cher!" [...] Alors nous avançâmes jusqu'au premier degré, construit en marbre blanc si lisse et si poli, que je m'y vis tout tel que je suis en effet.
Le second était teint des couleurs de la nuit, fait en pierre rugueuse et qui semblait brûlée, en long et en travers sillonné de crevasses.
Le troisième gradin, qui dominait les autres, paraissait d'un porphyre aussi haut en couleur que le sang qui jaillit lorsqu'on ouvre une veine.
C'était sur ce dernier que reposaient les plantes du messager de Dieu, qui défendait le seuil et paraissait briller plus que le diamant.
Mon guide m'entraîna, visiblement content, le long des trois gradins, en me disant: "Demande, mais bien modestement, qu'on ouvre la serrure!"
Me jetant aux saints pieds avec dévotion, j'implorai par pitié que l'on m'ouvrît la porte, après avoir frappé par trois fois ma poitrine.
Il me marqua sept P sur le front, à la pointe de son épée, et dit: "Ne néglige donc pas, quand tu seras entré, de laver ces sept plaies!" La couleur de la cendre ou de la terre sèche est tout à fait pareille à celle de sa robe; et de l'un de ses plis il retira deux clefs. La première était d'or et l'autre était d'argent... [...] Ensuite il poussa l'huis de la porte sacrée, en nous disant: "Entrez! mais je vous fais savoir qu'on expulse celui qui regarde en arrière." Lorsque, l'instant d'après, nous avons vu tourner sur leurs gonds les pivots de la porte sacrée, qui sont faits d'un métal sonore et résistant, la porte Tarpéienne a dû grincer moins fort et céder bien plus vite, quand le bon Metellus fut enlevé de force, et le trésor vidé. Et m'étant retourné quand j'entendis ce bruit, je crus entendre aussi *Te Deum laudamus* que chantait une voix à ces doux sons mêlée. Ce que j'en entendais me rappelait assez l'effet que nous produit quelquefois la musique quand le texte paraît tantôt être couvert et tantôt renforcé par les accords de l'orgue.»

Dante n'échappe pas non plus à la vénération de la Véronique dont il fait mention dans le chant 31 du *Paradis*: «Comme celui qui vient, mettons de Croatie uniquement pour voir chez nous la Véronique et ne peut assouvir sa faim qui vient de loin, mais se dit en son cœur, pendant qu'on la lui montre: "Ô Seigneur Jésus-Christ, ô Dieu de vérité, alors votre visage était-il ainsi fait?" tel je restais, voyant l'active charité de celui qui chez nous, dans le monde d'en bas, goûtait en contemplant un peu de cette paix.»

Le jubilé de Giovanni Villani

Moins célèbre mais tout aussi Florentin que Dante, Giovanni Villani (1276 ou 1280-1348) a laissé un témoignage du premier jubilé dans sa *Nova Cronica* («Nouvelle chronique») qu'il commence à rédiger après son retour. C'est sa participation au jubilé qui lui donne l'envie d'entreprendre cette chronique au fil des ans. Son ambition première est de raconter l'histoire de Florence qui, dit-il, «fille et création de Rome, était en son ascension, poursuivant de grands desseins, alors que Rome était en son déclin». Villani a une vingtaine d'années quand il entreprend le pèlerinage jubilaire.
«L'an du Christ 1300 [...], écrit-il en précisant les modalités du pèlerinage, le pape Boniface VIII qui occupait alors le siège apostolique, en ladite année, pour rendre hommage à la Nativité du Christ décida une indulgence d'une ampleur exceptionnelle, ainsi comprise: à tous les Romains qui en cette année-là visiteraient trente jours de suite les églises des bienheureux apôtres saint Pierre et saint Paul, ou quinze jours pour les autres gens du monde entier qui ne seraient pas romains, il accordait le pardon plein et entier de tous leurs péchés, de la faute et de la peine, après confession ou à condition de se confesser. [...]
Et, pour la consolation des pèlerins chrétiens, tous les vendredis et les jours de fête solennelle on montrait dans Saint-Pierre la Véronique du suaire du Christ. Pour cette raison une grande partie des chrétiens alors vivants firent ledit pèlerinage, aussi bien les femmes que les hommes, venant de différents pays lointains, de loin ou de près.»
Comme Dante, il est lui aussi impressionné par la foule en nombre qu'il ose chiffrer: «Ce fut la plus merveilleuse chose qu'on eût jamais vue: pendant toute l'année, continuelle-

© SAILKO

ment il y avait à Rome, en plus du peuple romain, 200 000 pèlerins, sans compter ceux qui étaient en route, allant et venant. Tous étaient pourvus de vivres à juste suffisance, pour les chevaux comme pour les hommes, se comportant très calmement, sans fracas ni bagarre. Je peux en témoigner car j'ai moi-même été présent et j'ai vu.» Fervent mais pas dupe pour autant, le Florentin note au passage combien le jubilé reste une bonne affaire pour le commerce romain.

Moins connu que la *Divine Comédie* de Dante, le témoignage de Villani peut être lu *in extenso* sur Internet sur le site Persée et l'article intitulé « Rome et les jubilés du XIVe siècle, histoires immédiates », publié en 2001 dans *Médiévales*, n° 40, pp. 53-82.

Gauche : *Giovanni Villani*, Gaetano Trentanove, début XXe siècle. Nouveau Marché de Florence. Droite : *Le pape Boniface VIII déclare l'année 1300 jubilaire*, Giotto, 1300, fresque. Rome, Saint-Jean-de-Latran.

Outre Dante, parmi les pèlerins célèbres de ce premier jubilé, on peut citer Charles de Valois frère du roi de France, avec son épouse Catherine, le peintre Cimabue et son disciple Giotto dont la basilique du Latran conserve la fresque réalisée en 1300 représentant le pape Boniface VIII proclamant le jubilé. ✣

Benoît de Sagazan

PHOTOS : © ADOBE STOCK

Les portes saintes de Rome

Alors que le jubilé 2025 se profile dans la Ville éternelle, découvrons les célèbres portes saintes de Saint-Pierre, Saint-Jean-de-Latran, Sainte-Marie-Majeure et Saint-Paul-hors-les-Murs, les quatre basiliques majeures...

VISITE GUIDÉE

DEPUIS DES SIÈCLES, Rome symbolise le cœur de la foi catholique en raison de la présence historique de saint Pierre, prince des apôtres, qui y fut martyrisé, et des vénérables basiliques héritées de ce christianisme primitif. Destination ancestrale des fidèles venant de toute l'Europe notamment par la Via Francigena pour y découvrir les *Mirabilia Urbis Romae* («Merveilles de la ville de Rome»), les portes saintes des quatre basiliques majeures demeurent l'étape essentielle lors d'un jubilé dont elles symbolisent le seuil à franchir, tous les 25 ans... Pour comprendre la symbolique de la porte sainte des quatre basiliques majeures de Rome que sont Saint-Pierre, Saint-Jean-de-Latran, Sainte-Marie-Majeure et Saint-Paul-hors-les-Murs, il faut donc avoir à l'esprit qu'un jubilé ou «année sainte» constitue un important évènement religieux à l'occasion duquel conversion et pénitence sacramentelle ouvrent le cœur des fidèles à plus de justice, de paix, de solidarité et d'espérance. Ce moment fort, dont les origines remontent à l'Ancien Testament, puise sa source dans la loi de Moïse qui prescrivait ainsi: «Vous déclarerez sainte cette cinquantième année et proclamerez l'affranchissement de tous les habitants du pays. Ce sera pour vous un jubilé: chacun de vous rentrera dans son patrimoine, chacun de vous retournera dans son clan. Cette cinquantième année sera pour vous une année jubilaire» (Lv 25,10-13). On distingue ainsi depuis →

Gauche : Les quatre basiliques majeures (g à d et h en b) : Saint-Pierre, Saint-Jean-de-Latran, Sainte-Marie-Majeure et Saint-Paul-hors-les-Murs.
Droite : Le 8 décembre 2015, le pape François lance le jubilé en ouvrant la porte sainte de la basilique Saint-Pierre.

CES PORTES SONT UN SEUIL À FRANCHIR TOUS LES 25 ANS.

→ 1300, date du premier jubilé ordonné par le pape Boniface VIII, le jubilé ordinaire, tous les 25 ans, et ceux extraordinaires. Le dernier jubilé ordinaire s'est tenu à la date symbolique de l'an 2000 avec Jean-Paul II ; 2025 marquera donc le vingt-sixième jubilé depuis sa création au XIVe siècle.

La symbolique de la porte sainte

Le psalmiste déjà en son temps justifiait l'image de la porte de la manière suivante : « Ouvrez-moi les portes de justice : j'entrerai, je rendrai grâce au Seigneur. C'est ici la porte du Seigneur : qu'ils entrent, les justes ! » (Ps 117,19-20). Cette symbolique deviendra plus encore manifeste avec Jésus qui proclamera de manière non équivoque : « Moi, je suis la porte. Si quelqu'un entre en passant par moi, il sera sauvé ; il pourra entrer ; il pourra sortir et trouver un pâturage » (Jn 10,9). La métaphore de la porte sainte sera dès lors constamment rappelée par les papes dont Jean-Paul II lors du jubilé de l'an 2000 : « La porte sainte du jubilé devra être symboliquement plus large que les précédentes car l'humanité, arrivée à ce terme, laissera derrière elle non seulement un siècle mais un millénaire. » Jean-Paul II avait d'ailleurs annoncé le jour de son élection le 22 octobre 1978 : « Ouvrez, ouvrez toutes grandes les portes au Christ ! », et s'était longuement arrêté en prière devant celle de Saint-Pierre encore fermée selon la tradition. Avec cette symbolique forte, la première des portes saintes qui vient à l'esprit est, bien sûr, celle de Saint-Pierre de Rome qui initialement n'était qu'une petite porte de service sur la partie gauche de la basilique et qui fut agrandie. Cette première porte sainte date de 1950 et fut conçue par le sculpteur italien Vico Consorti sur commande du pape Pie XII, l'un de ses panneaux représentant le commanditaire frappant d'un marteau la porte close lors du jubilé, un geste répété par trois fois avant son ouverture. Les autres panneaux de cette porte sainte moderne représentent des scènes de la rédemption de l'homme et de la vie de Jésus. Pour des raisons de sécurité, le mur de brique qui scelle la porte sera déposé le 24 décembre avant le début du jubilé, un précédent fâcheux en 1975 avait manqué de blesser le pape Paul VI. Mais la Ville éternelle compte également trois autres portes saintes, souvent plus méconnues bien qu'ayant la même force symbolique...

1

Franchir les seuils...

Chaque basilique majeure possède, en effet, une porte sainte. Ainsi, après celle de Saint-Pierre, dirigeons nos pas vers Sainte-Marie-Majeure au sommet de la colline de l'Esquilin. Santa Maria Maggiore, chérie par le pape François, est la plus ancienne église consacrée à la Vierge Marie et nous pouvons y découvrir les traces paléochrétiennes de ses fondations primitives. Mais arrêtons-nous sur le côté gauche de son portique où le visiteur pourra admirer la deuxième porte sainte en bronze réalisée par le sculpteur bolognais Luigi Enzo Mattei pour le jubilé de l'an 2000. Sur son battant droit, le Christ ressuscité est représenté selon le modèle du Saint-Suaire, alors que sur la partie gauche, Marie, tendant sa main droite en direction de son Fils,

2

© MAURIX/GAMMA-RAPHO VIA GETTY IMAGES

3

© ADOBE STOCK

apparaît comme la *Salus populi romani* («Salut du peuple romain»). Au bas de la porte, on peut noter une référence au concile d'Éphèse de 431 qui institua Marie «Mère de Dieu» et une représentation du concile Vatican II.

Quittons maintenant Sainte-Marie-Majeure pour nous diriger vers la basilique Saint-Jean-de-Latran, à 1,5 km de là, en remontant la Via Merulana. Cette basilique est la cathédrale de l'évêque de Rome, qualifiée en latin sur son fronton de *Omnium urbis et orbis Ecclesiarum Mater et Caput* («Mère et tête de toutes les églises de Rome et du monde»). C'est en ces lieux historiquement que la première porte sainte fut instituée sur sa partie droite. Aujourd'hui, sa porte est l'œuvre du sculpteur italien Floriano Bodini qui l'a réalisée en 2000 d'un seul battant avec une hauteur de 3,6 m sur 1,9 m de largeur. La représentation du Christ mort en croix au centre est saisissante par l'abandon du corps supplicié et l'espérance suggérée par la Vierge tenant l'Enfant à ses pieds ainsi que par cette main bénissant de la manière latine avec trois doigts tendus et deux pliés. L'inscription *Christus heri hodie semper* rappelle enfin l'éternité du Christ dans le temps.

Il faudra encore s'éloigner du centre de la ville pour découvrir la dernière porte sainte, celle de la basilique Saint-Paul-hors-les-Murs à 6 km au sud de Saint-Pierre. Cette basilique placée, comme son nom l'indique, hors du mur d'Aurélien se situe sur le lieu même où fut enterré saint Paul décapité lors de son martyre. Sur la droite de sa façade, le visiteur pourra admirer la nouvelle porte sainte en bronze doré bénie par le cardinal Etchegaray également lors du jubilé de l'an 2000. Cette dernière qui mesure 3,71 m sur 1,82 m est l'œuvre du sculpteur italien Enrico Manfrini, et évoque l'humanité se dirigeant vers le Christ et l'Arche du salut.

En franchissant le seuil de ces quatre portes saintes, le visiteur pourra faire l'expérience d'une profonde démarche spirituelle puisant aux racines de la foi et placée selon la volonté du pape François sous l'aphorisme paulinien *Spes non confundit*, «l'espérance ne déçoit pas» (Rm 5,5)... ✠

Les portes saintes de Rome :
Sainte-Marie-Majeure (1), Saint-Jean-de-Latran (2) et Saint-Paul-hors-les-Murs (3).

Philippe-Emmanuel Krautter

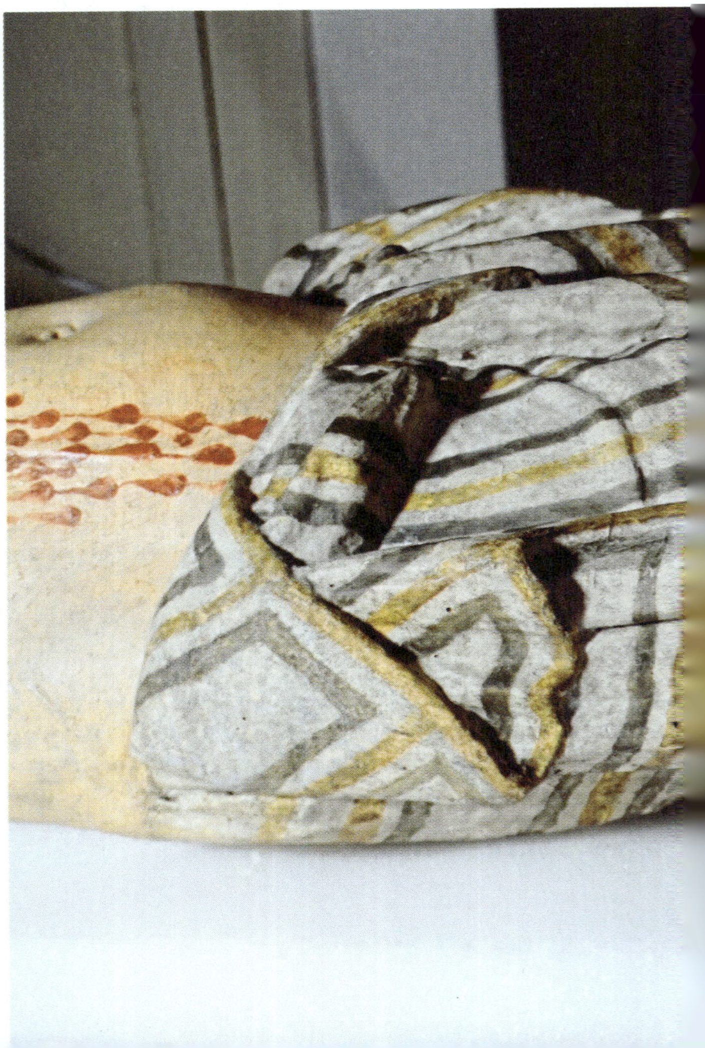

PHOTOS © ADOBE STOCK

L'endoscopie d'un crucifix

À l'occasion de la restauration de l'une des chapelles de l'église Saint-Louis-des-Français, célèbre pour abriter trois Caravage, un Christ en bois peint crucifié est ausculté afin d'en découvrir tous les mystères...

EN DIRECT DE ROME

Par ***Renaud Escande*** *dominicain & administrateur des Pieux Établissements de la France à Rome et à Lorette*

Gauche : La statue du Christ en bois peint est décrochée de sa croix située dans l'une des chapelles de Saint-Louis-des-Français afin d'être restaurée et étudiée. Droite : L'église Saint-Louis-des-Français et la place Navone.

Au cœur de la Rome baroque, à deux pas de la place Navone, juste à côté du Panthéon, se dresse l'église nationale des Français. Ce chef-d'œuvre est l'un des passages obligés des touristes et pèlerins. Réalisée de 1518 à 1589 par Domenico Fontana sur les plans de Giacomo Della Porta et grâce, surtout, à la munificence de Catherine de Médicis, Saint-Louis-des-Français est connue et reconnue pour son époustouflant décor intérieur, pensé et réalisé par l'architecte français Antoine Dérizet à partir de 1749. Des chefs-d'œuvre habitent les chapelles qui rythment l'édifice : les fresques du Dominiquin, celles du Cavalier d'Arpin, de Girolamo Muziano, de Charles-Joseph Natoire, les peintures de Francesco Bassano le Jeune, de Plautilla Bricci, d'Étienne Parrocel et de bien d'autres, mais aussi, bien sûr, les trois immenses et →

→ sublimes toiles de Caravage qui tapissent la chapelle Contarelli et illustrent magnifiquement la vie de saint Matthieu.
Mais, j'en suis sûr, c'est une autre œuvre qui va attirer les foules. Pourtant, elle était là depuis des siècles, noire de crasse, au milieu d'une chapelle devant laquelle on ne s'arrêtait guère. Désormais, lorsque vous viendrez visiter l'église Saint-Louis, avant de vous précipiter vers la chapelle Contarelli pour admirer les Caravage, longez plutôt le bas-côté droit. Vous passerez devant de superbes chapelles qui vous mèneront jusqu'à la dernière, celle juste avant la sacristie et qui fait face à la chapelle Contarelli. Elle accueille, sur un décor de faux marbre entièrement rénové, un ensemble de monuments funéraires qui rappellent l'histoire de la présence française à Rome. C'est en 1830 que Paul Lemoyne aménagea ce lieu de mémoire où se côtoient des ambassadeurs, des cardinaux, des prêtres et des artistes passés par l'Académie de France. Mais c'est sur l'autel que convergent tous les regards. Un Christ en bois peint, crucifié, agonise. Il est cloué sur une croix peinte, elle-même posée sur un rideau rouge sang encadré par une structure de bois sombre rehaussée de traits d'or.
Ce Christ en Croix – mais sans la croix – n'a pas toujours été là. Avant les travaux de Paul Lemoyne, le crucifix se trouvait déjà dans la troisième chapelle nord et ce jusqu'en 1742, année où Benoît XIV canonisa Jeanne de Valois. Un nouveau décor, illustrant la vie de la fille de Louis XI qui fonda l'ordre de l'Annonciade, est commandé à Étienne Parrocel. Le crucifix fut alors déplacé dans la première chapelle nord, envoyant un superbe *Saint Jean l'évangéliste* peint par Giovanni Battista Naldini illuminer le fond de la sacristie.

**1, 2 et 4. Détails de la statue du Christ après restauration.
3. L'inscription découverte dans la statue révèle qu'un homme avait « restauré » la sculpture en 1576.**

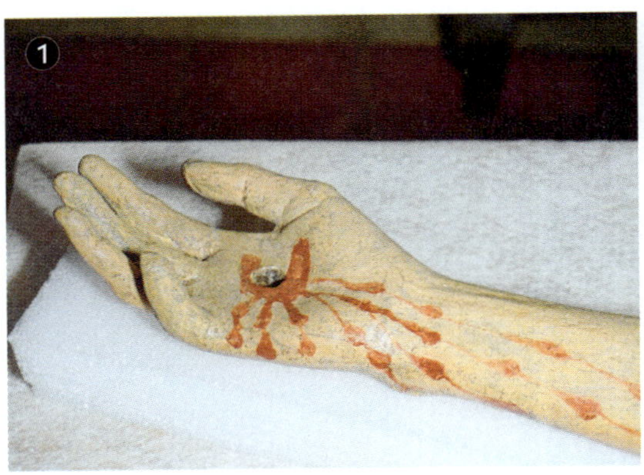

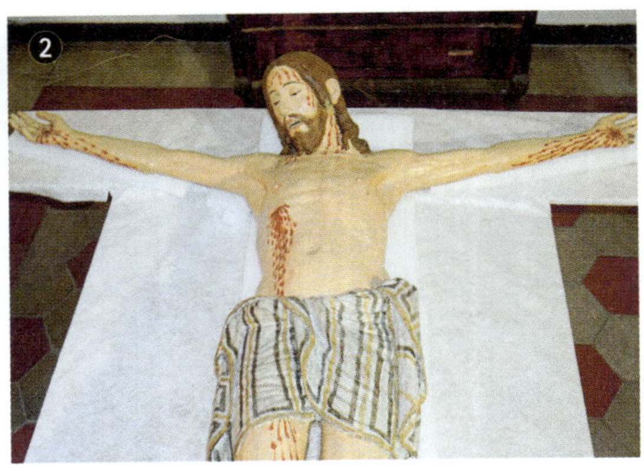

PHOTOS : © D. R.

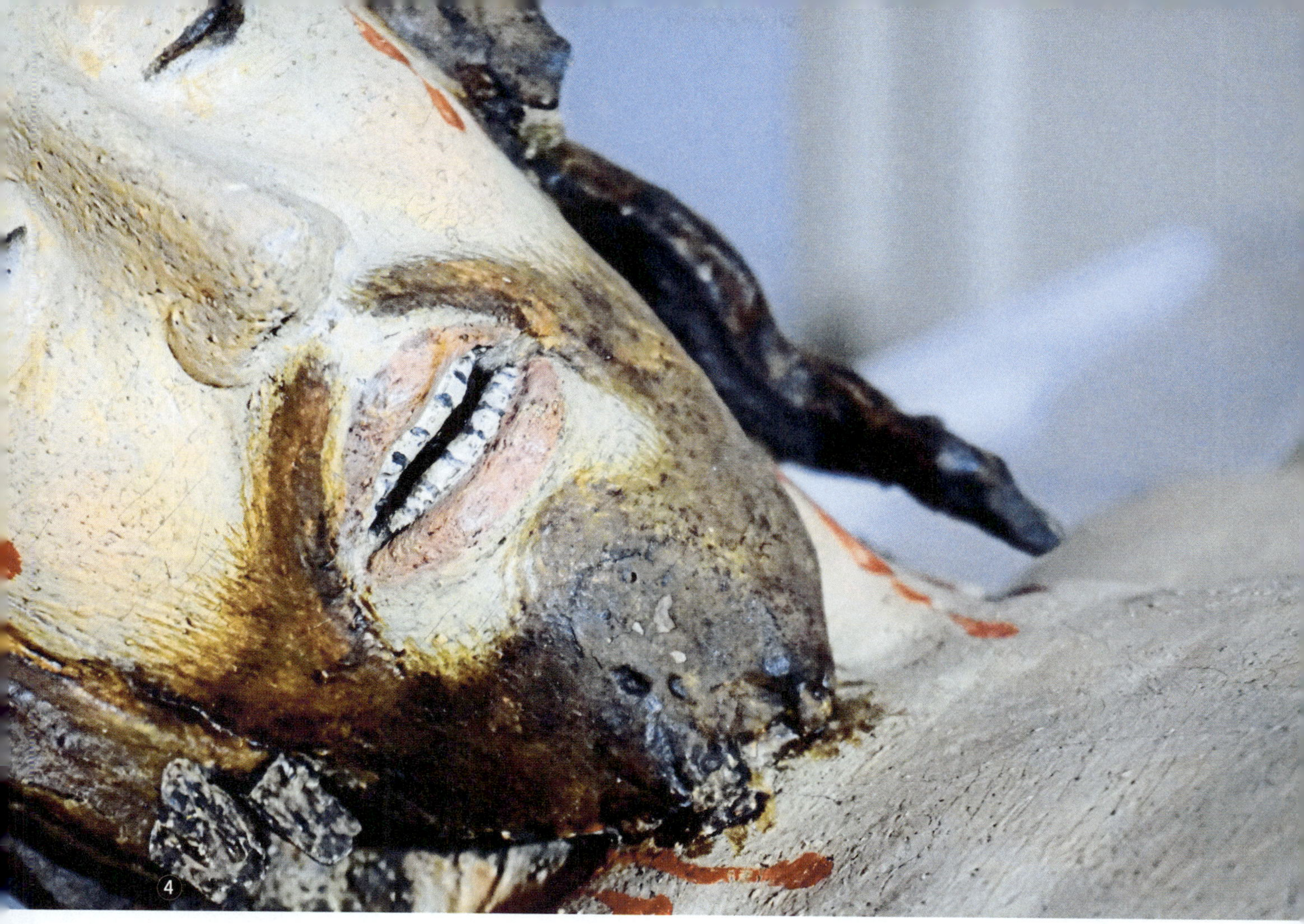

Mais pourquoi et comment ce crucifix est arrivé à Saint-Louis-des-Français ? Mystère. Les archives des Pieux Établissements, propriétaires de l'église, n'ont pas encore révélé tous leurs secrets.
Lorsque commença la restauration de la chapelle, au mois de janvier 2024, les restaurateurs déposèrent le Christ dans une salle du palais Saint-Louis afin de le nettoyer. Allait commencer une formidable aventure qui nous tint tous en haleine pendant plusieurs mois. Car les premiers gestes de restauration mirent au jour des éléments cachés sous la crasse des siècles qui bouleversèrent tout ce que l'on pouvait dire sur cette statue de bois peint. Le visage s'éclaircit ; la bouche, entrouverte, laissa apparaître les dents ; sur le front, dégagé et clair, coulèrent des gouttes de sang rouge vif. Le torse retrouva sa blancheur ; la plaie au côté, béante, laissa ruisseler des perles de sang qui dégringolèrent sur le ventre bombé et glissèrent sous le vêtement de fortune pour s'épuiser, enfin, sur le haut de la cuisse – le Christ était nu sur sa croix d'infortune. Les veines du corps disaient la vie qui s'en va, simples bouts de cordes posés sur le bois et peints avec l'ensemble. Une pratique fort ancienne...

Un trésor redécouvert

Tout nous dit que le Christ est bien plus vieux que ce que nous croyions. Lorsque l'œuvre fut retournée, délicatement, un vulgaire trou, à la base de la nuque, indiqua la présence d'une cavité à l'intérieur du dos. Cette pratique, connue, permettait d'alléger le poids de la statue (12 kg) et pouvait offrir un espace pour y insérer une relique. Afin de ne pas abîmer la couche picturale qui recouvre les jointures de l'excavation, il a été décidé de procéder à une endoscopie de la statue ! J'ai pu vivre cette expérience unique. À genoux devant un petit écran posé à terre, nous avons découvert, grâce à une caméra de quelques millimètres passée par le petit trou, un paysage fantastique, fait d'échardes de bois et de poussières séculaires.
Nous voyagions dans le torse et le ventre de la statue depuis plus d'une demi-heure quand, soudain, des mots et des chiffres apparurent à l'écran ! Une inscription ! Une date ! Un trésor ! L'inscription, sur quelques lignes (nous travaillons encore à sa complète transcription), nous révélait qu'un homme avait « restauré » la statue en... 1576 !!! Nous pensions l'œuvre beaucoup plus jeune. Devant la découverte, des études plus approfondies ont été demandées. Et si... ce Christ de bois était encore plus ancien ? Et si... il avait échappé au sac de Rome de 1527 ? Et si ? Que de mystères encore.
Mais ce Christ, qui retrouvera sa place à la fin de cette année, est sans doute l'une des œuvres les plus anciennes de l'église. Un trésor redécouvert. Il vous attend. ✣

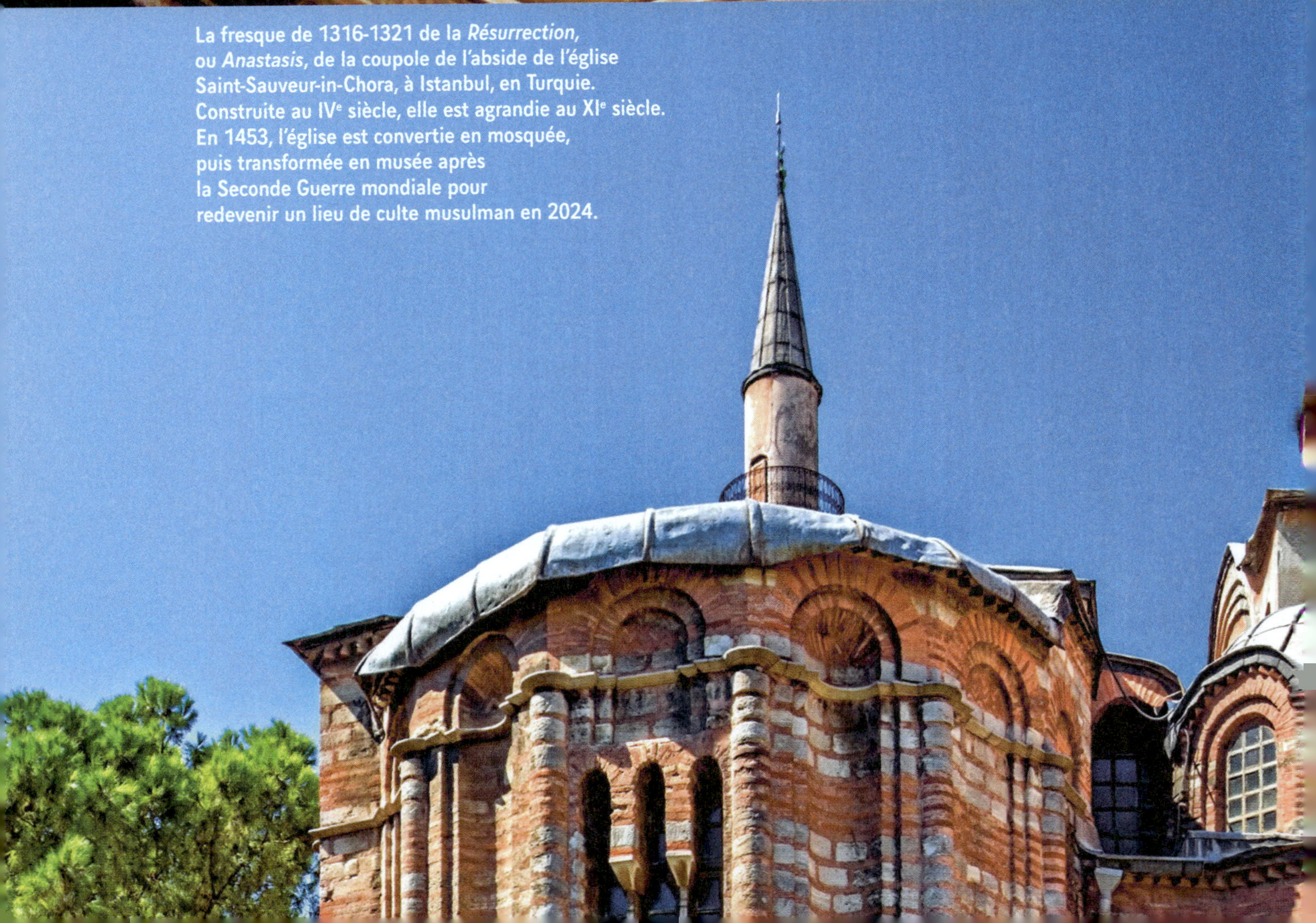

La fresque de 1316-1321 de la *Résurrection*, ou *Anastasis*, de la coupole de l'abside de l'église Saint-Sauveur-in-Chora, à Istanbul, en Turquie. Construite au IVe siècle, elle est agrandie au XIe siècle. En 1453, l'église est convertie en mosquée, puis transformée en musée après la Seconde Guerre mondiale pour redevenir un lieu de culte musulman en 2024.

L'Anastasis de Saint-Sauveur-in-Chora

TURQUIE

L'église byzantine Saint-Sauveur-in-Chora construite au IVe siècle à Istanbul, en Turquie, abrite une fresque du XIVe siècle représentant l'Anastasis (Résurrection), la Descente aux enfers de l'Église orthodoxe.

TURQUIE

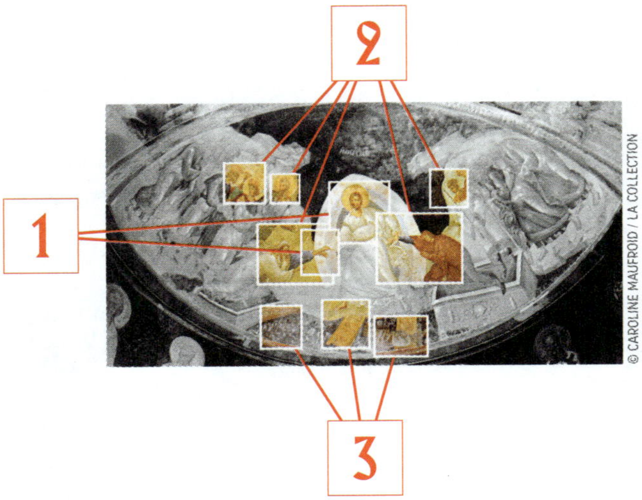

BIBLE DES PEINTRES

*Par **Régis Burnet***
Professeur à l'Université de Louvain-la-Neuve (Belgique)

→ **Comment dépeindre la Résurrection** qui est au cœur de la foi chrétienne, mais qui n'est pas racontée dans les textes bibliques ? L'Église orthodoxe se fonde sur un évangile apocryphe tardif, l'*Évangile de Nicodème* (nommé aussi *Actes de Pilate*), pour représenter la Descente aux enfers. Cela n'est nullement une preuve de crédulité, car les subtils penseurs byzantins avaient bien compris que tout était théologique dans le récit, ce qu'exprime parfaitement le fresquiste anonyme de Saint-Sauveur-in-Chora.

Profitant de la forme courbe de la coupole de l'abside de l'église, le peintre organise sa composition autour du point focal qu'est Jésus et fait tourner tout le reste autour de ce point. En haut, la noirceur de l'Hadès, le royaume des morts, qu'illumine cependant le titre de ce qui est représenté : ἡ ἀνάνστασις, l'Anastasis, la Résurrection. En bas, la défaite du mal figuré par un Satan enchaîné au milieu des fragments éparpillés de son ancienne puissance. À gauche et à droite, l'humanité sauvée. Car Adam et Ève ne sont pas que des personnages singuliers, ils sont bien les représentants des êtres humains dans toute leur diversité masculine et féminine, même si une vision patriarcale de l'histoire du salut a poussé le peintre à ne mettre que des hommes parmi la foule qui part à leur suite. Cette configuration tourbillonnante décrit ce qui est au cœur de la fête de Pâques dont elle constitue l'icône : une fois ressuscité par le Père, le Christ est le moteur principal du salut, c'est lui qui arrache l'humanité des enfers, il est le centre de tout. Tout est contraste dans cette fresque : couleurs sombres contre éclatante lumière du Christ, grand ovale horizontal de la composition contre petit ovale vertical de la mandorle de clarté l'entourant, attitude dynamique et tout en force de Jésus contre attitude statique des personnages. Ce jeu d'opposition exprime parfaitement le rapprochement unique de deux univers que tout divise qu'est la Résurrection : l'irruption de la lumière et de la vie au cœur des ténèbres de la mort. ✣

ARTISTE ANONYME

Le nom du fresquiste est ignoré, mais l'on sait qu'il travailla à la troisième phase d'embellissement de Saint-Sauveur-in-Chora. Ce petit monastère construit au IVe siècle en dehors des murs de la cité (d'où son nom de *chôra* qui en grec signifie « campagne ») se retrouva bien vite dans Constantinople et connut une grande extension à la fin du XIe siècle. Dans les années 1316-1321, il fut rénové par le mésazon (le Premier ministre) de l'empereur Andronic II Paléologue, Théodore Métochitès (1270-1332). Les fresques et mosaïques sont typiques de ce que l'on désigne comme la « Renaissance Paléologue » qui individualise les visages, affine les formes, complexifie les couleurs et les décors et multiplie les détails.

À LIRE

▪ *The Kariye Djami*, Paul A. Underwood, 4 vol., New York, Pantheon, coll. « Bollingen Foundation » n° 70, 1966.
▪ *Anastasis. The Making of an Image*, Anna D. Kartsonis, Princeton University Press, 1986.
▪ *L'Art de l'icône. Théologie de la Beauté*, Paul Evdokimov, Paris, éd. DDB, 2017.

PHOTOS : © ADOBE STOCK

LE CHRIST RESSUSCITÉ

1

Le Christ ressuscité ressemble à celui de la Transfiguration, soulignant par-là la continuité entre les deux fêtes, l'une étant l'anticipation de l'autre. Vêtu d'un ample manteau blanc, il est environné d'une mandorle qui est tout à la fois un signe symbolique (qui représente la gloire de la divinité) et une forme plastique (un halo de blancheur). Assez curieusement, la mandorle semble être incrustée dans le rocher, comme si c'était elle qui avait brisé les montagnes menaçantes de l'arrière-plan pour ménager une ouverture avant de se planter dans le sol. Conformément à la tradition des icônes qui sait depuis longtemps que le blanc paraît plus blanc s'il est mêlé de couleur, l'artiste alterne entre les gris dans la mandorle, et avec les beiges dans le vêtement. Pour traduire la puissance de la force de vie, le peintre a multiplié les effets : vigueur de la poigne qui saisit les deux mains, déséquilibre du corps penché vers la gauche, flottement du manteau qui paraît agité par le vent. ✣

L'histoire de la représentation

Pour représenter la Résurrection, les artistes choisirent d'abord des scènes se passant avant ou après l'événement : la garde au tombeau (sarcophage de la catacombe de Domitille, IVe siècle) ou la visite des femmes au matin de Pâques (ivoire du British Museum, vers 420). Tout en conservant ces scènes dans leur répertoire, Orient et Occident en inventèrent deux autres.
Dès les années 830 (psautier d'Utrecht), l'Occident figura le Christ sortant du tombeau ; cette représentation était très en vogue aux XVe-XVIe siècles (Piero della Francesca, Bellini, Michel-Ange, Gréco). En Orient, on opta pour la Descente aux enfers (1025, Osios Lukas). Cette scène montra d'abord le seul Adam sorti du tombeau (Ève restant à genoux), puis s'enrichit progressivement en plusieurs étapes.

→

LES ÉLUS

2

Pour souligner qu'Adam et Ève ne sont pas acteurs de leur propre résurrection, le peintre les a représentés dans une position semi-allongée, comme s'ils étaient extirpés avec énergie de leurs deux sarcophages. La main tenue par le Christ est molle, tandis que l'autre se lève en signe de vague supplication, ce sont des personnages sans force. Derrière eux, les élus sont conduits par deux personnages qui disent qui ils sont. Du côté d'Adam, c'est Jean Baptiste, qui tend sa main vers Jésus puisqu'il est le Précurseur et qu'il montre le chemin vers lui : ceux qui le suivent sont des prophètes parmi lesquels on distingue des rois reconnaissables au large chapeau doré qui se retrouve partout ailleurs dans l'église pour figurer les couronnes ; ce sont sans doute David et Salomon. Derrière Ève, son fils Abel, le premier mort, qui est identifiable grâce à sa houlette, l'attribut du berger. Il guide donc probablement une foule anonyme de martyrs ou de justes persécutés. ✣

Le contexte historique

L'*Évangile de Nicodème* est un texte originalement en grec, des années 320-380, qui fut transmis sous plusieurs formes tant en grec qu'en latin et connut de multiples réécritures en Orient et en Occident. Après avoir raconté le procès de Jésus du point de vue de Pilate, il se focalise sur l'histoire de Joseph d'Arimathie avant de narrer la Descente aux enfers avec un curieux artifice : les enfants du vieillard Syméon (celui qui prononce le *Nunc dimittis*, Lc 2,28-35) font partie des défunts ressuscités à la mort du Christ (Mt 27,52) et peuvent donc décrire comment ce dernier les a tirés des enfers. Le lien de ce texte avec l'icône de l'Anastasis est complexe, selon Anna Kartsonis (voir p. 62). Les premières représentations semblent ne pas l'avoir connu, tandis que les images plus tardives se sont servies de détails qui en sont issus.

SATAN ENCHAÎNÉ

3

Sous les pieds du Christ gisent les battants fracassés des portes de l'enfer. Ces portes, composées de panneaux à caissons, arborent une teinte jaune orangé, évoquant les portes de bronze décrites dans l'*Évangile de Nicodème*. Une quantité impressionnante de pièces de ferronnerie – charnières, serrures, clés, clous, boulons et autres – jonche le sol ténébreux de l'Hadès, témoignage d'un mécanisme de serrurerie d'une complexité telle qu'il en rendait l'accès infranchissable. Au fond de l'enfer, la silhouette de petite taille de Satan, peinte en brun sombre, apparaît dans une forme humaine, mais grotesque, parée seulement d'un pagne.
Ses pieds sont étroitement entravés, ses poignets liés derrière lui par des menottes attachées à un collier de fer autour de son cou par une longue barre de fer. Ce luxe de précautions pour l'enchaîner, qui évoque certainement des pratiques contemporaines du peintre, dit à la fois son humiliation absolue et sa totale incapacité de nuire davantage. ✣

PHOTOS : © ADOBE STOCK

La source apocryphe

Une voix survint qui disait : « Levez les portes ! » Lorsqu'il entendit cette voix [...], l'Hadès répondit comme s'il ne comprenait pas et dit : « Qui est-il, ce roi de gloire ? » Les anges du Maître dirent : « Le Seigneur fort et puissant, le Seigneur puissant au combat. » Et [...] les portes de bronze furent brisées et les verrous de fer furent broyés, et tous les morts enchaînés furent délivrés de leurs chaînes et nous avec eux. Le roi de gloire entra comme un homme et tous les lieux ténébreux de l'Hadès furent illuminés. [...] Alors le roi de gloire saisit l'archisatrape Satan par la tête, le livra aux anges et dit : « Enchaînez par des fers ses mains, ses pieds, son cou et sa bouche. » [...] Le roi de gloire étendit sa main droite, saisit l'ancêtre Adam et le releva.

Évangile de Nicodème 21,3 ; 22,2 ; 24,1 (trad. C. Furrer, *Écrits apocryphes chrétiens II*, Gallimard)

JORDANIE

BÉTHANIE AU-DELÀ DU JOURDAIN, LIEU DU BAPTÊME DE JÉSUS ?

Situé en Jordanie dans la vallée du Jourdain, le site où Jésus aurait été baptisé par Jean le Baptiste est inscrit depuis 2015 au patrimoine mondial de l'Unesco. Un lieu associé également à la tradition juive, visité dès l'Antiquité par les premiers pèlerins chrétiens et fouillé par les archéologues au tournant de l'an 2000.

EXPLORATION

Gauche : Le site de Béthanie au-delà du Jourdain, Wadi al-Kharrar, sur la rive orientale du Jourdain, en Jordanie. Droite : *Jean Baptiste baptisant Jésus*, Frédéric Montenard, 1921, fresque. Paris, église Saint-François-de-Sales. →

→ **Sur la rive orientale du Jourdain**, moins d'une dizaine de kilomètres avant que le fleuve n'achève son cours sinueux dans les eaux de la mer Morte, des générations de pèlerins sont venues durant des siècles là où se serait déroulé l'un des rites fondamentaux de la vie chrétienne : le baptême de Jésus de Nazareth. Depuis la fin des années 1990 et les fouilles menées à « Béthanie au-delà du Jourdain », Wadi al-Kharrar en Jordanie, ce lieu saint, longtemps resté une énigme, a retrouvé un regain de popularité amplifié par la visite des trois derniers papes : Jean-Paul II en 2000, Benoît XVI en 2009 et François en 2014. Un engouement renforcé par le classement du site au patrimoine mondial de l'Unesco en 2015. Mais situer l'endroit précis d'un acte religieux aussi fondateur, dans une région soumise à des tensions géopolitiques séculaires, ne va pas sans difficultés.

Lire aussi « Naissance de Jean Baptiste ». Page 34-38

Plusieurs localisations pour un seul évènement

Deux autres sites revendiquent un statut identique. En Israël, à cent mètres en aval du lac de Tibériade, les berges du Jourdain ont été aménagées à Yardenit à partir de 1981 par le ministère israélien du Tourisme afin de fournir « un lieu de pèlerinage alternatif » aux chrétiens empêchés de se rendre sur le site jordanien en raison d'activités militaires et archéologiques. L'endroit est depuis devenu un point d'arrêt incontournable pour les chrétiens évangéliques nord-américains.

Le site de Qasr al-Yahoud, littéralement « le château des juifs », se trouve sur la rive occidentale du Jourdain, à l'est de la ville de Jéricho, et à portée de vue de Wadi al-Kharrar. Les traditions juive et musulmane identifient ce corridor comme celui par lequel Josué, accompagné du peuple israélite, passa pour entrer dans la Terre promise, après 40 années d'errance dans le désert et la mort de Moïse sur le mont Nébo, lui aussi en Jordanie. Facile d'accès durant des siècles aux pèlerins chrétiens venant de Jérusalem, il se situe actuellement sur la zone frontalière naturelle et sensible entre la Jordanie et l'entrée en Cisjordanie. Aujourd'hui, il est visité lors de la fête de l'Épiphanie par toutes les Églises traditionnelles de Jérusalem : grecque-orthodoxe, latine, arménienne, copte, syriaque et éthiopienne.

Pour Marc Dugas, ancien boursier de l'Institut français du Proche-Orient, de l'Académie des Inscriptions et Belles-Lettres et de l'École biblique et archéologique française de Jérusalem, qui conduit un doctorat sur *Le lieu du baptême de Jésus dans la tradition des Églises de Jérusalem. Ethnographie et histoire*: «Il ne faut pas opposer ce site à celui de Wadi al-Kharrar sur la partie orientale du fleuve, côté jordanien. Ces deux rives correspondent, non pas à deux, mais bien à une seule, très cohérente et très ancienne tradition. Même fracturée par une frontière, comme dissimulée sous la carte politique, l'unité religieuse de cette tradition subsiste.»

Un lieu radical

«Au contraire des autres lieux consacrés par la vie de Jésus, le site du baptême n'est pas adossé à un environnement citadin, explique-t-il. Il n'est pas très éloigné de Jérusalem, une petite journée de marche tout au plus, mais il appartient au désert. Comme l'indiquent les évangiles: Jean-Baptiste accomplit son ministère "dans le désert de Judée", dans "la région du Jourdain". Au fond de cette vallée, point émergé le plus bas de la planète à 380 m sous le niveau actuel de la Méditerranée, il règne une chaleur accablante, parfois insupportable, huit mois sur douze. Reflétée comme dans un miroir par les collines de marne blanche, la lumière est aveuglante. Des séismes dévastent la région une fois par siècle environ.» Ce n'est pas un lieu de vie mais de passage, dans un environnement à la hauteur de la radicalité de Jean. Pour Stéphane Beaubœuf, docteur en théologie, maître de conférences en Écritures saintes à l'Institut catholique de Paris et auteur de «Jean le Baptiste, plus qu'un prophète» (*Cahiers Évangile*, éd. du Cerf, mars 2024), cet ascète «invite ses auditeurs à rencontrer Dieu dans cet espace hautement symbolique du Jourdain, frontière d'une terre promise à retrouver et à réinventer. Le rite de pardon qu'il institue par un baptême dans les eaux du fleuve devient alors le signe clair d'une prise de distance →

Gauche: Le site de Qasr al-Yahoud, sur la rive occidentale du Jourdain, à l'est de la ville de Jéricho. Droite: Cérémonie de baptême lors de la fête orthodoxe de l'Épiphanie à Qasr al-Yahoud.

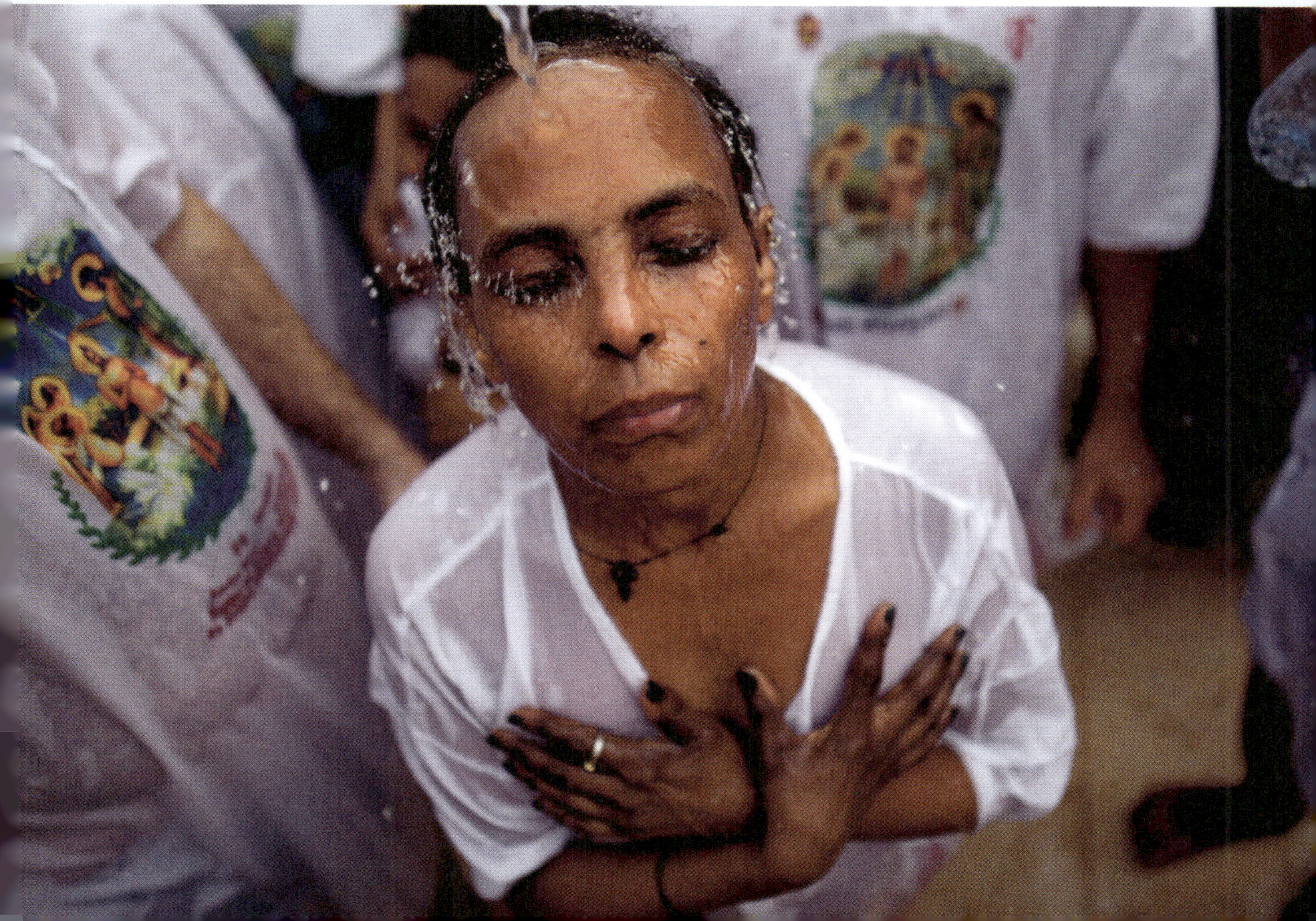

Le Jourdain avec l'indication de Bethabara *(Beoabapa)* à l'embouchure de la mer Morte sur la carte de Madaba, mosaïque du VIe siècle. Madaba (Jordanie), église Saint-Georges.

→ par rapport au Temple et aux sacrifices sanglants qui s'y déroulent quotidiennement. C'est ainsi que Jésus apparaît d'abord parmi la foule des pénitents qui répondent à l'appel de Jean, reconnaissant comme eux la validité de sa prédication et adhérant à son message.»

Évangiles et sources écrites de l'Antiquité tardive

La rencontre entre Jean le Baptiste et Jésus le Nazaréen, et plus particulièrement le baptême du Christ, est décrite dans les trois évangiles synoptiques (Matthieu 3,13-17, Marc 1,9-11 et Luc 3,21-23) avec des variantes. Si celui attribué à l'apôtre Jean reste beaucoup plus elliptique sur cet épisode, c'est en revanche lui qui nomme le lieu: «Cela se passait à Béthanie, de l'autre côté du Jourdain, où Jean baptisait» (Jean 1,28). L'appellation «Béthanie au-delà du Jourdain» serait apparue afin de faire le distinguo avec la ville de Béthanie, située à «quinze stades» (environ 3 km) de Jérusalem, où résidait la fratrie de Lazare, Marie et Marthe. «Quand Origène, père de l'Église du IIIe siècle, se rend sur place et ne trouve aucune ville de ce nom, il pense à une erreur de transcription du texte évangélique. Dans son *Commentaire sur l'évangile de Jean*, cet Alexandrin exilé en Palestine adopte l'appellation "Bethabara", présente à son époque dans une minorité de manuscrits et dont la traduction en hébreu "maison du passage" correspond bien à la prédication de Jean», précise Stéphane Beaubœuf. Une variante que l'on peut aussi lire sur la carte de Madaba, cette magnifique mosaïque du VIe siècle, située dans l'église Saint-Georges de Madaba en Jordanie, qui représente Jérusalem et les principaux sites bibliques. Comme le relève Marc Dugas: «À partir du IVe siècle, une véritable topographie scripturaire de la Terre sainte s'est mise progressivement en place sous forme de listes de noms commentés pour répondre à la demande des premiers pèlerins.» L'un, anonyme et arrivé de Bordeaux en 333, ainsi qu'un certain Théodose, venu lui en 530, décrivent le lieu du baptême du Christ, en indiquant qu'il se trouve à cinq milles (8 km) de la mer Morte. Tous deux mentionnent à proximité une petite colline d'où Élie est monté au ciel. Théodose dépeint également une église dédiée à Jean-Baptiste, construite sur des voûtes et des arcs, pendant le règne de l'empereur Anastase (491-518), afin d'éviter les dommages des crues du Jourdain; un élément confirmé par les fouilles archéologiques. Il mentionne aussi une

colonne de marbre implantée au milieu du fleuve et surmontée d'une croix pour indiquer l'endroit précis du baptême du Christ; ce signe distinctif n'a pour l'heure jamais été retrouvé… Enfin un pèlerin originaire de Plaisance, dans le nord de l'Italie, décrit les fêtes de l'Épiphanie sur les rives de ces eaux saintes aux alentours de 570 et les marches de marbre qui permettent de s'en approcher.

Renaissance du site

Cette tradition de pèlerinage sur les lieux du baptême du Christ s'est perpétuée jusqu'au XIVe siècle environ. Après la défaite des croisés et la perte de Constantinople, le site négligé, revenu sous le contrôle des tribus locales, est moins fréquenté pour des raisons d'insécurité. Après une brève période de redécouverte et d'engouement au XIXe siècle – sous l'impulsion du renouveau des pèlerinages en Terre sainte – la Première Guerre mondiale, suivi de la chute de l'Empire ottoman, de la Deuxième Guerre mondiale et enfin du long conflit israélo-palestinien le rayent des itinéraires touristiques et religieux. À l'issue de la guerre des Six Jours, les deux rives aux abords du Jourdain sont minées. Plus aucune cérémonie n'y sera célébrée jusqu'à la fête de l'Épiphanie de 1985. La signature d'un traité de paix en 1994 entre la Jordanie et Israël permet le déminage de la zone. L'année suivante, la rencontre fortuite entre le prince jordanien Ghazi ben Mohammad, féru de culture religieuse, et le père italien Michele Piccirillo amorce la renaissance de Wadi al-Kharrar. Le franciscain, historien et archéologue, spécialiste des sites bibliques en Jordanie et notamment célèbre pour ses fouilles sur le mont Nébo, parvient à convaincre le prince de lancer des recherches archéologiques sur le lieu supposé de Béthanie au-delà du Jourdain. Lorsque le chantier s'ouvre en 1996, sous la direction de l'archéologue Mohammed Waheeb, du service des Antiquités de Jordanie, personne n'imagine l'ampleur des résultats qu'il va fournir.

Les vestiges archéologiques

Les travaux commencent par le mont qui domine Wadi al-Kharrar et qui porte de nom de Tell Mar Elias, «la colline d'Élie». La tradition locale le désigne comme le lieu d'où le prophète Élie se serait envolé au ciel. Son sommet livre la plus importante concentration de vestiges archéologiques de tout le secteur, s'étalant du IIe siècle av. J.-C. aux VIe-VIIe siècles ap. Y sont mis au jour un muret de pierres entourant les ruines d'un complexe incluant trois importants bassins, un système hydraulique sophistiqué et trois églises byzantines. La principale possède un superbe sol en mosaïque représentant des motifs géométriques en losanges entourant des croix. Une inscription grecque intégrée au pavement précise que ce monastère fut fondé par un certain abbé Rhotorius. La deuxième est bâtie autour d'une cavité creusée dans le rocher qui lui sert d'abside. Cela pourrait être l'église mentionnée par plusieurs auteurs anciens comme celle bâtie sur la colline d'Élie autour de la grotte où Jean le Baptiste résidait. Plus au sud, les restes d'un troisième édifice construit en arcades semi-circulaires ont été restaurés en chapelle baptisée «Église de Jean-Paul II» à la suite du passage du pape en 2000.

Les archéologues se tournent ensuite vers le Jourdain en quête de la supposée église Jean-Baptiste, construite sous Anastase et mentionnée par plusieurs pèlerins de l'Antiquité tardive et du haut Moyen Âge. Dans un ancien bras asséché du fleuve, le wadi al-Kharrar qui a donné son nom au site, sont mis au jour les ruines d'une vaste basilique byzantine, construite sur des piliers et des arcades dont il ne reste que les bases. Sans doute effondrée lors d'un tremblement de terre ou de crues, elle fut rebâtie deux fois juste à côté. Derrière son abside, les archéologues exhument un escalier monumental descendant vers l'ancien lit du Jourdain. Devant son extrémité inférieure, ils découvrent trois des quatre larges piliers carrés qui soutenaient probablement autrefois une voûte au-dessus du bassin cruciforme aménagé autour des eaux dans lesquelles le Christ se serait immergé. «À la base du pilier nord-est, des pèlerins ont incisé des dizaines de croix comparables à celles que l'on peut voir au Saint-Sépulcre dans l'escalier conduisant à la chapelle de Sainte-Hélène» a noté Marc Dugas. Une petite chapelle carrée en surplomb de ce bassin correspond certainement à l'église «du manteau», attestée au VIIe siècle par Arculfe (évêque franc parti en pèlerinage en Terre sainte) et décrite comme celle où Jésus aurait déposé son vêtement avant de recevoir le baptême de Jean.

Durant cette campagne de fouilles (1996-2002) le long du wadi al-Kharrar, de nombreux vestiges furent mis au jour: bâtiments, églises, bassins, canaux et grottes d'ermites. Les ruines d'une construction à proximité du bassin sont associées à la légende de Marie l'Égyptienne qui, après une vie de débauche à Alexandrie, aurait passé ses 47 dernières années à prier et jeûner dans cet environnement inhospitalier en signe de repentance.

«Avec l'eucharistie, le baptême est devenu le sacrement le plus important de la foi chrétienne, souligne Stéphane Beaubœuf. Sortir de l'eau, c'est aussi se remettre debout, respirer à nouveau, rouvrir les yeux, en somme revivre! Un geste qui trouve un écho inattendu et particulièrement fort en cette période de fortes crises que nous traversons actuellement.» ✣

Par Marie-Hélène Servantie

© JEAN ISENMANN / ONLYWORLD.NET

© GERAULT GREGORY / HEMIS.FR

© HUW JONES / ALAMY STOCK PHOTO / HEMIS.FR

PARCOURIR LA JORDANIE BIBLIQUE

Visiter la Jordanie biblique c'est traverser l'Ancien Testament et les évangiles vécus sur l'autre rive du Jourdain, mais c'est aussi découvrir des paysages variés, peuplé d'habitants particulièrement accueillants.

VOYAGE

Archéologue et journaliste – elle a longtemps tenu avec brio la rubrique archéologie au *Monde de la Bible* –, Estelle Villeneuve connaît bien la Jordanie et aime la faire découvrir comme guide conférencière. « C'est un très beau pays, confie-t-elle, à la géographie très variée et à la population souriante. Verdoyant dans le nord sur le tuf, le basalte et le calcaire, on rencontre le grès rose à Pétra, puis le granit à Aqaba au sud. Les paysages sont changeants d'une région à l'autre, d'une saison à l'autre. » Selon elle la Jordanie bouillonne de vie, sa jeunesse est créative et nourrit une vie culturelle très riche. C'est aussi un pays porteur d'histoires, doté d'un patrimoine qui couvre toutes les grandes périodes depuis la Préhistoire.

Ce pays, c'est au printemps, en avril et en mai, qu'elle préfère le sillonner, « la période la plus colorée, la saison des anémones autour de Jérash et des iris noirs dans le désert ».

Jérash, qui lui rappelle ses fouilles au pied du temple de Zeus, est un site extraordinaire : « Il est saisissant au lever du soleil. La cité est le témoin de toutes les époques antiques jusqu'à l'arrivée de l'islam, dit-elle, on peut même y déceler l'arabisation en cours des populations chrétiennes. » Estelle aime raconter les →

Haut, de gauche à droite : Église Saint-Jean-Baptiste, à Béthanie au-delà du Jourdain. Portrait d'un Bédouin au wadi Rum. La grotte de Loth. Droite : La Khazneh, tombeau du Ier siècle av. J.-C., du site nabatéen de Pétra.

→ histoires dans l'Histoire, dont celle des Tobiades, à qui l'on doit ce palais dans une vallée paradisiaque à Iraq el-Amir. « Nous sommes ici dans le fief des Tobiades, une grande famille d'origine judéenne, installée là depuis au moins le retour de l'exil à la fin du VIe siècle av. J.-C., leur histoire est vivante et palpitante. »

La Jordanie biblique constitue le fil rouge de visites guidées. « Cette histoire biblique est fondamentalement liée à l'Exode, période fondatrice du judaïsme, et de leur entrée en Canaan par la Jordanie ; des tribus bibliques s'y sont installées et il y eut un dialogue constant entre les deux rives du Jourdain, rivière qui ne sépare pas mais qui unit, y compris dans les évangiles. »

Quelques sites à livre ouvert

Du nord au sud, découvrons des pages bibliques au fil des sites mentionnés dans le guide numérique *La Jordanie biblique en 20 sites* du *Monde de la Bible*. Situé au nord-ouest, dominant le lac de Galilée, Umm Qeis-Gadara tient sa renommée des Évangiles synoptiques (Mt 8,28-34 ; Mc 5,1-20 ; Lc 8,26-39). Jésus y guérit un possédé et précipita à la mer un troupeau de porcs... Poursuivons vers les rives du Jourdain pour une halte sur le site archéologique de Deir Alla : les fouilles y ont livré des inscriptions du VIIIe siècle av. J.-C. dont un oracle de Balaam, prophète des Moabites, plusieurs fois cité dans la Bible. Gagnons Amman, la capitale, qui cultive aussi des liens avec l'histoire biblique. En effet à l'emplacement de la citadelle, se dresse l'antique Rabbat Ammon (Rabba dans la Bible). Lors de son siège par le roi David (2 S 12,26-28), ce dernier profita des combats meurtriers pour faire périr Urie le Hittite, époux de la belle Bethsabée. David épousa ensuite la veuve convoitée qui donna naissance à Salomon. Quittons la capitale pour Béthanie au-delà du Jourdain. La présence d'un site baptismal sur la rive jordanienne repose sur un verset de l'évangile de Jean (1,28). Non loin est le fameux mont Nébo, où selon Deutéronome (34,1-6) serait mort Moïse, privé d'entrer en Terre promise. Il est vrai qu'au sommet se présente un panorama grandiose sur les monts de Judée.

De là rendons-nous à Madaba où dans l'église Saint-Georges nous attend la fameuse carte de la Terre sainte en mosaïque. Depuis l'Antiquité, Madaba est le centre d'une féconde production de mosaïques qui perdure aujourd'hui. Vers l'ouest, près du Jourdain, se présente la forteresse de Machéronte où Jean Baptiste fut décapité pour avoir dénoncé l'adultère de Hérode Antipas. Le site possède un fort potentiel touristique avec ses ruines et sa vue panoramique sur la mer Morte et la Judée.

Sur la rive sud de la mer Morte, à Deir Ain Sabata, un complexe monastique est à l'emplacement du sanctuaire de Loth, tel qu'il figure sur la carte de Madaba. Les fouilles révélèrent les ruines d'une église ouvrant sur une grotte que la tradition chrétienne avait désignée comme celle ayant servi de refuge à Loth et à ses filles après leur fuite de Sodome. Poursuivons vers le sud est jusqu'à Umm er-Rasas, le Mefaa biblique où Moïse distribua des villes et des villages aux fils de Ruben (Jos 13,18 et 21,37 et 1 Ch 6,79). Puis rejoignons la capitale de Moab, Dhiban, connue pour avoir révélé la célèbre stèle de Mesha conservée au Louvre. Poussons encore plus au sud vers Khirbet en-Nahas, où la tradition situe les fameuses mines du roi Salomon. Sur la « route des Rois », un piton rocheux domine. Identifiée à Sela, la « roche des Édomites », selon la Bible, était convoitée par les rois de Judée et de Babylone. À 60 km de là, nous atteignons Pétra. On y accède par le village de Wadi Mûsa qui d'après une tradition est l'une des sources que Moïse (Mûsa en arabe) aurait fait jaillir d'un coup de bâton contre la roche. Pétra est connue pour ses majestueux tombeaux nabatéens creusés dans la roche, mais aussi pour son héritage romain et byzantin.

Terminus du voyage biblique : Aqaba (Etzion-Géber dans la Bible) est un port ouvert sur la mer Rouge. Les tribus d'Israël y auraient fait halte dans leur exode vers la Terre promise, mais les fouilles archéologiques n'ont révélé rien d'autre que la plus ancienne église de Jordanie, édifiée vers 300. ✣

Benoît de Sagazan

Haut : Accès au temple de Dionysos et à la cathédrale sur le site de Jérash.
Bas : Redécouverte en 1896, la mosaïque de la carte de Madaba du VIe siècle se trouve dans l'église Saint-Georges à Madaba.

© ADOBE STOCK

© BIBIKOW WALTER / HEMIS.FR

Le Christ Pantocrator, mosaïque du narthex de l'église du Catholicon du monastère d'Osios Lukas, en Grèce.

OSIOS LUKAS

GRÈCE

PORTFOLIO

Niché dans une vallée plantée d'oliviers, le monastère d'Osios Lukas, dont l'activité monastique se poursuit depuis plusieurs siècles, est l'un des plus importants témoignages du deuxième âge d'or byzantin en Grèce.

OSIOS LUKAS, CONSERVATOIRE DU SECOND ÂGE D'OR BYZANTIN

Inscrit au patrimoine mondial de l'Unesco depuis 1990, le monastère grec d'Osios Lukas en Béotie passe pour l'exemple le plus ancien et le mieux conservé de l'architecture et de l'art byzantin médiéval.

À QUELQUES DIZAINES DE KILOMÈTRES du mont Parnasse et de Delphes, le monastère d'Osios Lukas peut être rejoint par une route qui depuis le village Steiri mène sur le versant ouest de l'Hélicon. Au bout de la route se dresse le monastère ouvrant sur une vue panoramique sur la vallée et les collines de Béotie plantées d'oliviers. Le monastère mérite tout détour. Il serait le plus ancien et le mieux conservé pour son architecture et son décor datant du deuxième âge d'or byzantin, celui qui succède à la querelle iconoclaste (726 à 843) ayant détruit la plupart des fresques et mosaïques dans l'Empire byzantin.

Trois lieux de culte composent le complexe monastique. Passé la porte gardée par la mosaïque de saint Lukas, il faut longer les bâtiments monastiques avant de rejoindre une petite place sur laquelle s'impose le Catholicon. Cette église dédiée à saint Lukas cache une seconde église plus ancienne dont elle partage le mur nord. Cette dernière est dédiée à la Théotokos, ou Mère de Dieu. Sous le Catholicon on peut accéder à la crypte consacrée à sainte Barbe, troisième lieu de culte du monastère.

Saint Lukas de Steirion (896-953), le fondateur du monastère, est un ermite qui vécut sur la montagne à partir de 945. Sa notoriété vient de qualités de prophète et de guérisseur, sources de pèlerinages qui comptent dans l'histoire du monde orthodoxe. Ayant prédit avant sa mort la libération de la Crète, alors sous le joug des Arabes, par l'empereur de Byzance en 961, sa prophétie en fit un héros impérial dont les retombées bénéficièrent à la gloire du monastère et à l'ornementation de ses églises.

La Panaghia, ou Théotokos

L'ermite eut le temps de voir la construction de la première église dédiée à sainte Barbe qui fut achevée deux ans après son décès en 953. Quelle est cette première église ? La question fut longtemps débattue. Selon les uns, elle serait la crypte située sous le Catholicon. Selon d'autres, cette première église est bien celle que nous connaissons aujourd'hui dans sa dédicace à Marie, Mère de Dieu (Théotokos). La découverte d'une fresque représentant Josué lors d'une campagne de restauration en 1964 confirmerait cette seconde hypothèse.

Cette belle église du Xe siècle, appelée aussi Panaghia, « Toute Sainte », présente un des tout premiers plans connus à croix grecque reposant sur quatre piliers, avec trois absides et un grand narthex à six travées soutenues par deux colonnes. Hélas dépourvue de sa décoration originelle, elle révèle une maçonnerie cloisonnée de blocs de pierre de taille entourés de briques formant des motifs décoratifs. Elle a conservé toutefois son iconostase en marbre du Xe siècle. Le changement de dédicace au profit de la Vierge serait dû à l'impératrice Théophane après 997.

Le Catholicon, dédié à saint Lukas

Si l'on croit la *Vie de saint Lukas*, rédigée par un disciple, c'est pour répondre à l'afflux des pèlerins qu'est construite en 1011 une deuxième église, le Catholicon. Cet afflux constant s'expliquerait aussi par les nombreuses guérisons miraculeuses revendiquées par les pèlerins venus implorer secours près de la tombe de l'ermite dont on vient de redécouvrir les reliques.

Le Catholicon partage un même mur avec la Théotokos et l'on peut passer d'une église à l'autre par l'intérieur. Le Catholicon se distingue surtout par la richesse de sa décoration : marbres multicolores, fresques et mosaïques. À ce titre l'église compte parmi les conservatoires les plus précieux de l'art byzantin du XIe siècle. L'église est l'une des premières à être construite selon un plan octogonal à coupole croisée, sur un espace carré. Son dôme de neuf mètres de diamètre repose sur huit murs de tambour reliés par quatre arches. Les voûtes racontent des épisodes de la vie et de la Passion du Christ dont son baptême qui rappelle la scène du baptistère des Ariens (V^e-VIe siècle) de Ravenne. Dans l'abside trône magnifiquement la Vierge à l'Enfant et dans la coupole du bêma la Pentecôte.

La fresque de la coupole avec son Christ Pantocrator est plus tardive car en 1593 un séisme détruit la précédente. On peut y vénérer les reliques de saint Lukas, volées par les croisés au XIIIe siècle puis détenues en Italie avant d'être restituées en 1986. Dans le narthex, de splendides mosaïques attirent l'œil dont un remarquable Lavement des pieds. Sous le Catholicon, la crypte abrite des fresques du XIe siècle représentant sept scènes de la Passion et de la Résurrection, sans oublier une belle Dormition de la Vierge. S'y trouve également le tombeau de saint Lukas vidé de ses reliques.

Vers 1204, le monastère fut occupé par des moines catholiques latins qui y restèrent durant le règne des croisés francs qui s'étaient partagé la Grèce après le sac de Constantinople. Depuis le XVe siècle et jusqu'à aujourd'hui, ce sont à nouveau des moines orthodoxes qui vivent dans le monastère. ✣

Benoît de Sagazan

© ADOBE

© ADOBE

**Gauche : Dessin du monastère d'Osios Lukas avec la Théotokos, à gauche, et le Catholicon, à droite.
Droite : Le Catholicon et la mosaïque représentant saint Lukas à l'entrée du monastère.**

ENTRE LE DEVOIR DE SERVIR ET CELUI DE CROIRE

NARTHEX DU CATHOLICON, MOSAÏQUES DU PREMIER TIERS DU XIE SIÈCLE

Dans le narthex du Catholicon, sorte de vestibule, le visiteur est accueilli par une superbe mosaïque du Pantocrator (voir p. 76) qui domine la porte d'accès à l'église. Le Christ tient dans sa main un évangile ouvert sur lequel on peut lire « Je suis la lumière du monde » (Jean 8,12). Parmi les autres mosaïques du narthex, des scènes de la Passion et de la Résurrection du Christ sont visibles. Sur le mur nord, la scène du Lavement des pieds (dont on ne se lasse pas de détailler l'expression perplexe et la posture des apôtres) rappelle aux moines leur devoir de service. Lui fait face, au sud, une mosaïque représentant l'incrédulité de l'apôtre Thomas, soulignant le devoir de foi malgré le doute. Ces scènes sont complétées de figures de saints des mondes monastique et militaire et des fondateurs de la foi orthodoxe.

© RAOUL KIEFFER

LE PANTOCRATOR DOMINE DES CIEUX

COUPOLE DU CATHOLICON, PEINTURE, XVIE SIÈCLE

Au centre de l'église dédiée à saint Lukas, il suffit de lever la tête pour admirer l'impressionnante coupole. À l'origine, elle présentait un Pantocrator en mosaïque, réalisé au XIe siècle lors de l'édification du «catholicon» (abbatiale ou église principale). La coupole et sa mosaïque ont disparu en 1593, effondrées à la suite d'un séisme. Le dôme reconstruit fut alors habillé d'une fresque peinte. Le Christ en gloire (Pantocrator), mesurant près de trois mètres de diamètre en occupe le centre. Sa hauteur et sa puissance révèlent qu'il est maître de tout. Autour de lui, dans un premier cercle, quatre archanges, la Vierge et Jean Baptiste, doté d'ailes angéliques, l'accompagnent. Dans un second cercle, figurent, entre chaque fenêtre, seize prophètes de l'Ancien Testament qui ont annoncé la venue du Messie.

LA THÉOTOKOS EN SON ABSIDE

ABSIDE CENTRALE DU CATHOLICON
MOSAÏQUE DU PREMIER TIERS DU XIE SIÈCLE

Dans l'abside centrale du Catholicon, au-dessus de l'autel, trône la mosaïque de Marie Mère de Dieu (Théotokos) selon la définition établie lors du concile d'Éphèse en 431. Assise sur un trône, la Vierge présente son fils aux moines et aux pèlerins. Sur les mosaïques et les icônes, cette maternité divine est signifiée par l'inscription des monogrammes MP θY (*Métèr Théoû* ou Mère de Dieu). L'image de la Théotokos semble s'être imposée assez rapidement après le triomphe contre les iconoclastes au IXe siècle. Sa présence centrale insiste sur l'incarnation du christianisme, faisant le lien entre le monde céleste et le monde terrestre. Son rôle de mère protectrice rencontre aussi un succès certain auprès des empereurs et des clercs, dans un Empire soumis aux invasions barbares et musulmanes.

ΘΥ

© KARL ALLEN LUGMAYER / ALAMY STOCK PHOTO

LE TRIOMPHE DE L'ICONOSTASE PARLANT

CATHOLICON, ICONOSTASE EN MARBRE SCULPTÉ, XIE SIÈCLE
ICÔNES DE MICHEL DAMASKINOS, XVIE SIÈCLE

L'iconostase est une cloison séparant le sanctuaire et l'autel de la nef. Réponse à la querelle des images (726-843), l'iconostase opaque et parlant (dotée d'icônes) se multiplie dans les églises byzantines aux Xe et XIe siècles. Les deux églises d'Osios Lukas sont donc des témoins directes de cette généralisation. Dans le Catholicon d'Osios Lukas, l'iconostase, divisée en trois parties, est particulièrement remarquable dans la finesse de ses colonnes de marbre et la ciselure de ses chapiteaux décorés de rubans noués qui soutiennent l'épistyle recouvert de motifs végétaux, de rosaces et de griffons. Il incorpore deux grandes icônes, l'une présentant la Vierge à l'Enfant et l'autre Jésus tenant un évangile, toutes deux peintes par le maître Michel Damaskinos (1530-1596), chef de file de la Renaissance crétoise.

THOMAS L'INCRÉDULE, RÉPERTOIRE D'IMAGES PEINTES DANS LA CRYPTE

CRYPTE SAINTE BARBE, FRESQUE DU XIE SIÈCLE

La scène présentée ici illustre l'incrédulité de Thomas quant à la résurrection de Jésus (Jean 20,24-29). Elle fait partie du cycle des fresques de la crypte comprenant sept scènes de la Passion et de la Résurrection. Une Dormition de la Vierge, une Déisis (thème byzantin représentant le Christ en gloire, assis sur un trône et tenant un livre en main, entre la Vierge Marie et saint Jean), des portraits d'apôtres, de saints guerriers et de moines complètent ce cycle. Leur style est à rapprocher de celui des mosaïques et peintures du Catholicon à l'étage supérieur. Les historiens de l'art s'accordent pour dater ces fresques de l'époque des origines de l'église et de la crypte, soit entre le premier tiers et le dernier quart du XIe siècle. →

Aujourd'hui dépouillée de sa décoration originelle, l'église du Xe siècle déploie un charme saisissant. Sa nudité, malgré quelques traces de sa polychromie ancienne, révèle l'excellence de sa construction dans l'assemblage harmonieux des pierres taillées et des briques jusque dans l'étonnante coupole. On admire aussi la beauté de ses chapiteaux et de son iconostase finement sculptés. Et que dire de son pavement de marbre, véritable tapis aux motifs colorés ! Dédiée originellement à sainte Barbe puis à la Théotokos, elle sert encore aujourd'hui au culte de la communauté qui habite le monastère. Achevée en 955, deux ans après la mort de l'ermite fondateur, elle demeure le seul exemple d'église de son siècle en Grèce et donc l'une des plus anciennes du pays.

LA VIEILLE ÉGLISE, SEULE DE SON SIÈCLE

ÉGLISE DE LA THÉOTOKOS, ARCHITECTURE ET PAVEMENT DE LA MOITIÉ DU Xe SIÈCLE

SAINT JOSUÉ MILITAIRE, LE RESCAPÉ

ÉGLISE DE LA THÉOTOKOS PUIS CATHOLICON, FRESQUE DE LA SECONDE MOITIÉ DU Xᴱ SIÈCLE

Découverte en 1964 sur un mur mitoyen des deux églises du monastère, cette fresque était dissimulée sous une plaque de marbre qui ornait un mur intérieur du transept nord du Catholicon (XIe siècle). Cette dissimulation révèle qu'elle appartenait en réalité à la façade primitive de l'église de la Théotokos (Xe siècle). Cette fresque incomplète montre Josué (appelé ici Yeshua ou Jésus fils de Navé), en tenue militaire dialoguant avec saint Michel (disparu) devant le siège de Jéricho. Liée à la prophétie de l'ermite Lukas prédisant la libération de la Crète en 961, et aux menaces que font sans cesse peser sur l'Empire chrétien Arabes et Bulgares, le recours aux figures protectrices de Josué conquérant et de saint Michel, chef de la milice céleste, connaissent un succès grandissant dans la piété et la culture byzantines.

THESSALONIQUE, DE PAUL À THÉODOSE

Thessalonique est la capitale de la province romaine de Macédoine quand Paul y séjourne. La ville reste aussi marquée de nombreux vestiges byzantins.

EXPLORATION

En 390 ap. J.-C., plusieurs milliers de Thessaloniciens sont assemblés au cirque. Ce n'est pas un spectacle qui les attend mais une mort violente. En représailles de la mort d'un officier romain assassiné par la foule, l'empereur Théodose a ordonné depuis Milan le massacre de 7000 habitants. L'épisode est connu sous le nom de « massacre de Thessalonique ». Excommunié par saint Ambroise, l'empereur ne fut plus autorisé à entrer dans la cathédrale jusqu'à sa repentance publique.

Une fondation hellénistique

Il n'est pas anodin que l'épisode ait fait grand bruit car Thessalonique était la capitale de la province romaine de Macédoine, au nord de la Grèce actuelle. Fondée à la période hellénistique par Cassandre de Macédoine, un général d'Alexandre le Grand, elle est réduite en province romaine après la défaite de Pydna (168 av. J.-C.), elle obtint le statut de cité libre pour avoir conservé sa neutralité lors de la bataille de Philippes entre les héritiers de César, Octave et Marc Antoine et les assassins de ce dernier, Brutus et Cassius. Idéalement située sur la via Egnatia, elle devint un *emporium* (comptoir maritime) majeur.

Une destination paulinienne

Saint Paul y fit de nombreux séjours au cours de ses voyages. Malgré son emprisonnement à Philippes (lire MDB 250), il tint à demeurer en Macédoine. À son habitude, il commença à prêcher dans les synagogues. Il convertit des juifs et des païens mais fut à nouveau accusé de défendre l'existence d'une autre autorité que César. Ses amis durent donc lui faire quitter furtivement la cité. Le passage de l'apôtre n'a laissé que peu de traces à Thessalonique car, selon les Actes des apôtres (17,1-9), il n'y resta que trois sabbats. Néanmoins, la ville est riche de vestiges de la période romaine : le forum, un odéon, des thermes et des cryptoportiques sont visibles mais ils ne sont pas liés à la mémoire de l'apôtre. Le saint qui eut la primeur dans la ville fut un saint martyr du IVe siècle, Démétrios.

Sous la Tétrarchie

À la fin du IIIe siècle, un nouveau système de gouvernement fut mis en place : la Tétrarchie. L'Empire était dirigé par deux Augustes, secondés chacun par un César. Galère fut l'un d'eux, il devint César en 293. Envoyé en Orient pour combattre les Sassanides, il en revint auréolé de gloire. Pour commémorer ses hauts faits, il fit construire à →

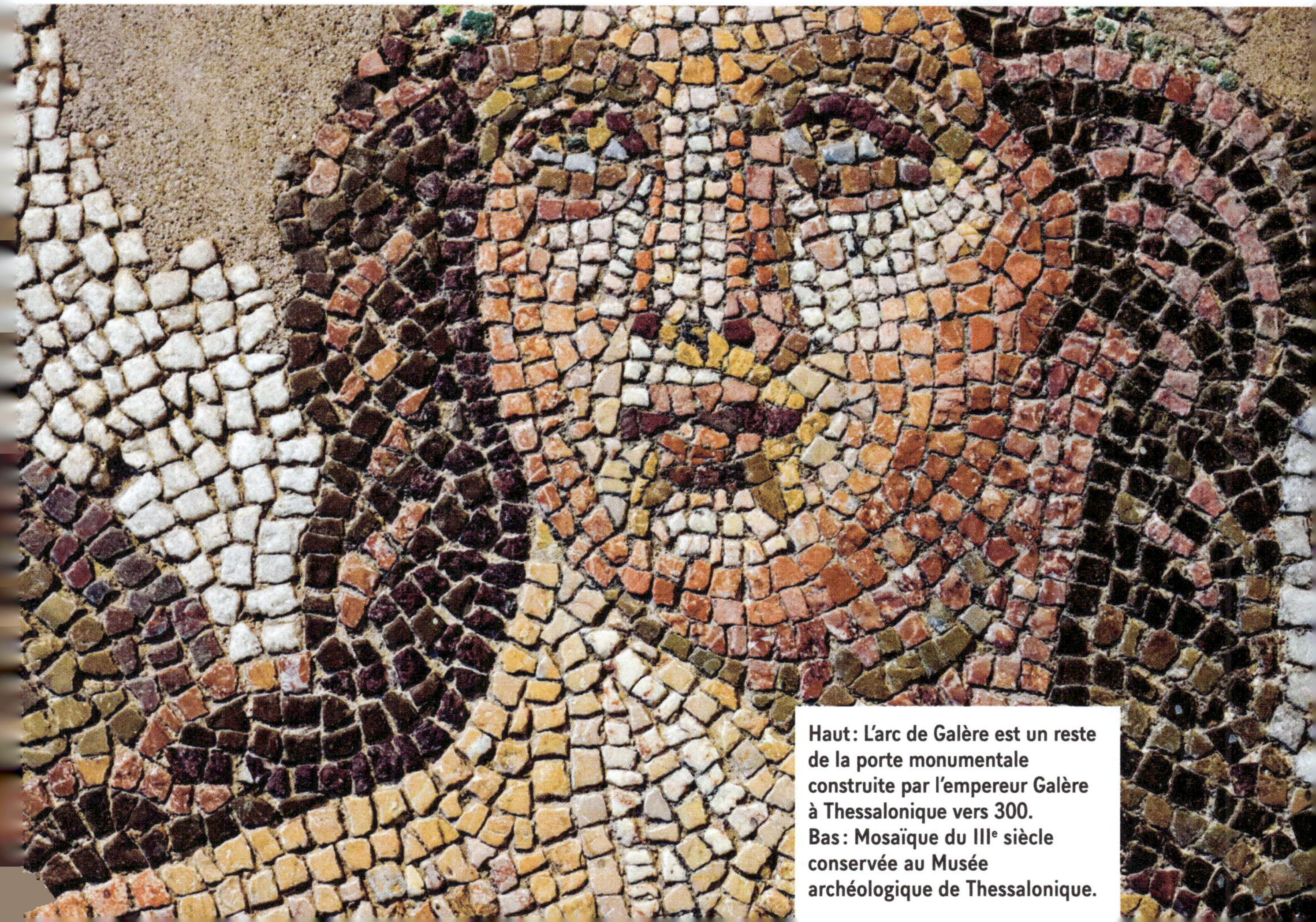

Haut : L'arc de Galère est un reste de la porte monumentale construite par l'empereur Galère à Thessalonique vers 300.
Bas : Mosaïque du IIIe siècle conservée au Musée archéologique de Thessalonique.

1, 2 et 3. La rotonde, couverte d'un dôme, construite par Galère vers 300 comme temple ou mausolée est transformée en église entre les IVe et VIe siècles. Des mosaïques ornent le dôme de la rotonde représentant les martyrs encadrant un baldaquin (4) et le symbole de la Croix surmonté de la colombe (5).

→ Thessalonique une porte monumentale à quatre piliers, un tétrapyle, dont il ne reste qu'une seule baie, appelée aujourd'hui «l'arc de Galère». Dans le prolongement, il fit construire une rotonde couverte d'un dôme. S'agissait-il d'un temple pour le culte impérial ou bien de son mausolée? Les historiens sont partagés, toutefois le bâtiment était encore inachevé à la mort de Galère, il n'y fut donc pas enterré.

De la rotonde à l'église ornée

Haute d'environ 30 m, la rotonde marie la pierre et la brique. L'entrée du monument se trouvait dans l'axe sud qui passait par l'arc de Galère et menait à la mer. La première altération majeure que connut la rotonde fut sa transformation en église à une date située entre le IVe siècle et le VIe. Cette décision entraîna un changement d'orientation afin que l'église soit tournée vers l'est. Les murs furent couverts de marbre blanc ou coloré. Quant au dôme et à son pourtour ils le furent de mosaïques. L'ensemble formait ainsi une église richement ornée. De grandes fenêtres à mi-hauteur permettaient par leur inclinaison d'éclairer les mosaïques sommitales, faisant scintiller les tesselles dorées. Malheureusement, les tremblements de terre répétés ont fait disparaître le revêtement de marbre et une partie de la mosaïque.

Or et architecture

Au plus bas des murs, des corniches en trompe-l'œil couronnaient le décor de marbre. Au-dessus règne encore l'or sur lequel se détachent huit ensembles architecturaux à deux étages. Constitués de colonnes, de chapiteaux et d'arcades, ils ne sont pas sans rappeler la bibliothèque d'Éphèse. Des paons se tiennent sur les balustrades. Ces motifs architecturaux n'ont pas d'équivalent dans les mosaïques religieuses de l'époque que l'on peut trouver à Ravenne. Ils semblent inspirés par les demeures peintes sur les fresques pompéiennes du deuxième style.
Un élément étonne, c'est le point de vue avec lequel les bâtiments ont été représentés: certains

4

© ADOBE STOCK

5

© PHOTO12/IMAGEBROKER/A. POESCHEL

semblent vus d'en bas, d'autres d'en haut. Au cœur de cette architecture palatiale luxueuse se dressent des baldaquins à colonnettes appelés *ciboria* qu'entourent des martyrs en position d'orants qui portent les vêtements de leurs métiers mentionnés dans les inscriptions. Celles-ci précisent le nom et le métier du saint. Les visages ont été faits avec des tesselles plus petites que le reste du corps afin d'apporter plus de finesse.

Le dogme de la Trinité

Trois éléments dogmatiques sont mis en exergue dans ce décor, symbolisés par les objets qui se trouvent sous les *ciboria*: d'une part la Trinité et le baptême illustrés par la croix qui se dresse sur un flot d'eau vive surmonté d'une colombe, d'autre part la parole vivante du Christ figurée par un codex ouvert, enfin la liturgie illustrée par un prêtre officiant. L'historienne de l'art Bente Kiilerich explique le lien entre les trois motifs: «Le dogme de la Sainte Trinité est fondé sur l'enseignement du Christ et confirmé dans la liturgie.» Entre les IVe et Ve siècles, le dogme de la Trinité et surtout la nature du Christ sont des sujets amplement discutés et les ariens qui nient l'égalité des trois personnes divines sont une force puissante au sein de la maison impériale.

Vestiges classés par l'Unesco

L'empereur Galère à qui l'on doit la rotonde dans son premier état n'est pas uniquement connu pour l'architecture monumentale qu'il a laissée à Thessalonique mais aussi pour une salve de persécutions qu'il ordonna. Démétrios, le saint patron de la ville fut un des martyrs. Selon le synaxaire (recueil de vies des saints) orthodoxe, c'était un soldat romain de haut rang. Lors d'un passage à Thessalonique, Galère apprit qu'il prêchait le christianisme. Il le fit donc emprisonner et exécuter. Une première église fut rapidement construite sur le lieu du martyre et l'on raconte que de l'huile sainte exsudait de son tombeau. Démétrios devint ainsi un saint myroblyte. La cathédrale plus récente qui porte son vocable est ornée de mosaïques des VIe-VIIe siècles qui, par chance, ont pu échapper au terrible incendie de 1917 qui détruisit une partie de la ville.

Thessalonique est ainsi dotée de nombreux vestiges d'époque byzantine classés à l'Unesco. Théodose y rédigea l'édit de Thessalonique en 380. Par ce texte, il enjoignait aux habitants de Constantinople de suivre la doctrine de Nicée qui reconnaissait le dogme de la Sainte Trinité. Enfin il employait pour la première fois le mot de «catholique» pour désigner les Nicéens. ✣

Alexandra de Varax

Que racontent les textes bibliques & la littérature chrétienne sur ces rois mages venus d'Orient ?

ENQUÊTE

SUR LES TRACES DES… ROIS M

Haut : Les rois mages, Ve-VIe siècle, mosaïque. Ravenne, basilique Saint-Apollinaire-le-Neuf.
Bas : Le cortège des mages le jour de l'Épiphanie sur la place du Duomo, la cathédrale de Milan.

CLAUDIO FURLAN/LAPRESSE/SHUTTERS/SIPA

AGES

© LUISA RICCIARINI/OPALE PHOTO

Que sait-on des rois mages ?

Épisode bien connu de l'évangile de Matthieu, la visite des mages fait pourtant l'objet d'un récit bref. Que nous apprennent le texte matthéen, les apocryphes et les écrits extrabibliques quant à leur nombre, leur identité et leur origine ?

LA SEULE MENTION DES MAGES DANS LE TEXTE BIBLIQUE se trouve dans l'évangile de Matthieu : venus à Jérusalem afin d'adorer l'enfant Jésus qui était né, ces « mages venus de l'Orient », (littéralement « mages venus du Levant », *magoi apo anatolôn*, Mt 2,1) ont été guidés par l'étoile annonçant la venue au monde du « roi des Juifs qui vient de naître ». Le roi Hérode, ayant appris leur arrivée, les fait conduire discrètement à lui afin de les interroger sur ce présage, et pour qu'ils l'informent du lieu où se trouve l'enfant, prétextant vouloir l'honorer à son tour. Les mages parviennent à Bethléem grâce à l'étoile : « Ils entrèrent dans la maison, virent le petit enfant avec Marie, sa mère, se prosternèrent et l'adorèrent ; ils ouvrirent ensuite leurs trésors, et lui offrirent en présent de l'or, de l'encens et de la myrrhe » (Mt 2,11). Inspirés par un songe, ils repartent toutefois dans leur contrée sans retourner voir Hérode. Cet épisode, succinct, ne comporte presque aucune information sur les mages, leur contrée d'origine, leur nombre, ou encore leurs noms ; ils n'y sont pas non plus désignés comme rois. Néanmoins, leur fonction de mage nous renseigne. Ce terme désigne, de manière générale en contexte biblique, ceux qui pratiquent la divination, l'astrologie et l'astronomie, à l'instar des magiciens de Pharaon (Exode 7,11) ou des magiciens et « Chaldéens » de Nabuchodonosor (Daniel 4,7). Ces personnages sont le plus souvent négatifs, les pratiques oraculaires et divinatoires étant sévèrement condamnées à plusieurs reprises dans la Bible (Lévitique 19,26-31 et 20,27 ; Deutéronome 18,9-14...).

L'origine des mages en question

Quel est cet Orient d'où ces mages sont originaires ? Leur titre de mage pourrait signifier qu'ils viendraient de l'autre côté de l'Euphrate, des pays des Perses, Mèdes et Chaldéens, où le terme « mage » désigne aussi bien celui qui maîtrise certaines sciences spécifiques (observation des astres, divination...) qu'un membre de la caste sacerdotale en général. Ces civilisations sont par ailleurs

***Arrivée des mages à Bethléem*, Octave Penguilly-L'Haridon, 1864, huile sur toile, 85,6 x 170,4 cm. Reims, musée des Beaux-Arts.**

connues pour leur savoir astronomique avancé, rendu possible par la construction de ziggurats, impressionnants édifices à degrés dont l'exemple le plus fameux inspirera le récit de la tour de Babel (Genèse 11,1-9). L'hypothèse d'une origine levantine des mages semble également plausible, eu égard à l'usage courant du terme « Levant » ou « Orient » (hébreu *mizrâh*) pour signifier Babylone et les pays alentour (Daniel 11,44). Pourtant, les peuples habitant ces régions sont aussi souvent appelés « gens du Nord » à d'autres occurrences (Ézéchiel 26,7 ; Jérémie 1, 13-15 ; Isaïe 14,31...). Un autre verset d'Isaïe montre en revanche que les termes Est et Nord peuvent être tous deux utilisés pour désigner ces peuples au-delà de l'Euphrate : « Je l'ai suscité du Septentrion, et il est venu ; depuis l'Orient, il invoque mon nom » (Isaïe 41,25). Une hypothèse alternative serait une origine arabe : les voies caravanières de la péninsule Arabique se trouvaient effectivement à l'est du Jourdain. C'est justement le long de ces itinéraires que remontaient, depuis le Yémen actuel et la Corne de l'Afrique, les caravanes chargées d'or, de myrrhe et d'encens, et une prophétie d'Isaïe semble aller en ce sens : « Tous les gens de Saba viendront, apportant l'or et l'encens ; ils annonceront les exploits du Seigneur » (Isaïe 60,6). Cette option est retenue par plusieurs auteurs chrétiens d'importance aux premiers siècles de notre ère, notamment Justin (IIe siècle), Origène (IIIe siècle) et Épiphane (IVe siècle).

Dans les textes de l'Occident chrétien

Dans l'Occident chrétien, Tertullien (vers 150-vers 220) sera le premier à esquisser une hypothétique dignité royale pour ces personnages qui demeurent désignés par le seul terme de « mage », avant que leur royauté ne s'impose progressivement au fil des siècles, sur base de prophéties de l'Ancien Testament (Isaïe 60,3-6 ; Psaumes 68...). →

Dans l'évangile de Matthieu, quel est cet Orient d'où les mages sont originaires ?

→ Dès le IIe siècle, le *Protévangile de Jacques*, texte apocryphe cité par Clément d'Alexandrie et Origène, mentionne l'origine orientale des mages, conduits par « l'étoile qu'ils avaient vue en Orient » (21,8), mais ne donne aucune indication quant à leur nombre et leurs noms. Le poète et prêtre chrétien Juvencus est l'un des premiers à élaborer au IVe siècle un symbolisme des trois dons des mages : l'or rappelle la royauté du Christ, l'encens sa nature divine et la myrrhe, servant à parfumer les morts comme les vivants, représente le mystère de l'Incarnation ainsi que la Passion. Les *Excerpta latina barbari* (traduction latine du VIIIe siècle d'un original grec datant du Ve-VIe siècle) sont l'un des premiers textes à mentionner trois mages, un pour chaque don, et à leur donner des noms qui, bien qu'altérés, ressemblent à ceux que l'on connaît aujourd'hui dans le catholicisme : « En ce temps du règne d'Auguste, au premier janvier les mages lui apportèrent des cadeaux et le vénérèrent. Les noms des mages étaient Bithisarea, Melichior et Gathaspa » (51b). Au siècle suivant, le *Liber Pontificalis de Ravenne*, rédigé par l'abbé Agnellus vers 830-840, laisse apparaître leurs noms sous la forme Gaspard, Balthasar et Melchior ; ils figurent symboliquement les trois fils de Noé, Sem, Cham et Japhet, ancêtres respectifs des Orientaux, des Africains et des Européens ; autrement dit, ils sont les représentants de l'ensemble des peuples du monde, tel que celui-ci est conçu par les juifs et les chrétiens au début de notre ère, reconnaissant en l'enfant Jésus le Sauveur universel. Dans l'exégèse de l'Occident du christianisme naissant, le recours au psaume 72 (« [...] les rois de Tarsis et des îles paieront tribut » à celui devant lequel « tous les rois se prosterneront »), à Nombres 24,17 (qui évoque une « étoile sortie de Jacob ») ou encore au livre d'Isaïe, ainsi qu'une tradition qui, dès les premiers siècles, fixe le nombre de trois mages et leur associe chez certains auteurs une dignité royale, vont rapidement imposer la conception des rois mages telle qu'elle demeure encore aujourd'hui dans le catholicisme.

1 et 2. Le monastère Saint-Paul au mont Athos, en Grèce, abrite un reliquaire qui contiendrait l'or, la myrrhe et l'encens des trois mages.
3. *Les rois mages arrivent à Jérusalem*, XVIe siècle, peinture. Plougrescant, chapelle Saint-Gonéry.
4. Châsse des rois mages, atelier de Nicolas de Verdun, XIIe-XIIIe siècle, bois, argent, cuivre doré et émail. Cathédrale de Cologne.

Des traditions diverses en Orient

Chez les chrétiens orientaux en revanche, la tradition autour des mages mettra de longs siècles avant de s'accorder sur leur nombre et leur origine. Si pour les chrétiens arméniens ils sont généralement au nombre de trois, sous des noms divers, c'est surtout dans le christianisme syriaque que

1

© FERNANDO MOLERES

2

© GEORGE MALKOV

3

l'on observe une tradition littéraire riche mais qui n'est unifiée que tardivement. D'après le *Commentaire du Diatessaron*, attribué à Éphrem de Nisibe (IVe siècle), les mages seraient deux, à l'instar des disciples à Emmaüs. Néanmoins, le texte n'est pas définitif et reste relativement proche du récit de Matthieu ; il précise qu'ils pratiquent l'art des Chaldéens et sont des adorateurs des astres, mais n'indique rien quant à leurs noms ou leur titre de rois. Ce texte est néanmoins précieux car il propose une riche interprétation symbolique des offrandes des mages : « L'or pour son humanité, la myrrhe pour sa mort, l'encens pour sa divinité. Ou bien : l'or comme pour un roi, l'encens comme pour un dieu et la myrrhe comme pour un embaumé. Ou encore : l'or parce que l'adoration devant l'or retourne à son maître, et la myrrhe et l'encens figurent le médecin qui va guérir la blessure d'Adam. » Ce passage récapitule plusieurs interprétations courantes de →

4

Les mages ont été à l'origine d'intenses spéculations dans les écrits chrétiens.

→ l'époque, ainsi que, dans les deux derniers cas, des conceptions propres à la christologie d'Éphrem. Dans la *Caverne des trésors*, compilation d'écrits apocryphes, apologétiques, de commentaires bibliques et de légendes, dont on connaît plusieurs versions qui dateraient du IVe au VIe siècle, le récit détaille et explique la superposition des fonctions « magique » et « royale » chez les mages : « Même s'ils sont tenus pour des mages, à cause de l'habit dont ils étaient revêtus, en vérité ils étaient des rois. Mais les païens avaient l'habitude, lorsqu'ils faisaient des sacrifices et présentaient des offrandes à leurs dieux, d'utiliser deux habits : un habit royal en dessous, et un habit de mage par-dessus » (46,3). Le texte précise également qu'ils sont trois, en désaccord avec le récit du *Commentaire du Diatessaron*. Tout un paragraphe est dédié à leurs noms et leurs origines : « Hormizdad de Makodzai, roi de Perse, qui était appelé "Roi des Rois" et qui demeurait en bas en Adrougîn ; Azregad, roi de Saba ; et Pérozdad, roi de Shaba qui est à l'Orient. » Ces noms sont effectivement connus comme ceux de plusieurs rois de la Perse sassanide, ayant régné entre les IIIe et VIIe siècles, bien qu'un seul dans le récit soit désigné comme Perse. Le texte offre également une brève interprétation des offrandes : « L'or pour le roi, la myrrhe pour la souffrance et l'encens pour le prêtre. Ceux-ci montrèrent qu'il serait roi, médecin et prêtre » (45,14-15). L'allusion aux royaumes de Saba (qui correspondrait au Yémen actuel) et de Shéba (« Shaba qui est à l'Orient ») est ici une référence au psaume 72 : « Les rois de Shéba et de Saba offriront des présents » (Ps 72,10). Le *Testament d'Adam*, que certains exégètes datent du IIIe siècle et dont on connaît trois versions syriaques, parle dans l'une d'elles d'une « caverne des trésors avec les offrandes qu'Adam avait fait sortir du paradis : l'or, la myrrhe et l'encens. Des fils de rois, les mages, viendront et les emporteront, ils les apporteront au fils de Dieu à Bethléem de Juda dans la grotte. » Une autre version mentionne les dons des mages et leur caractère symbolique : « Voici, l'or, la myrrhe et l'encens sont entassés devant toi, petit enfant : l'or pour ta royauté, l'encens pour ton essence et la myrrhe pour ton ensevelissement. » Mais après plusieurs siècles de traditions autonomes et divergentes, les écrits syriaques vont converger vers un récit commun à partir de la *Chronique de Zuqnin* au VIIIe siècle. Ce texte, probablement rédigé par un moine du nom de Josué et dont on conserve sans doute le manuscrit syriaque original, comporte une longue section appelée *La Révélation des mages,* dans laquelle certains exégètes voient des éléments d'un évangile apocryphe remontant au IIe siècle. Cette *Révélation* comporte une série de douze noms pour les mages, qui sera ensuite reprise dans les textes syriaques ultérieurs, et ce dès le VIIIe siècle chez Théodore bar Koni, auteur qui réfutera néanmoins l'origine paradisiaque des dons du *Testament d'Adam*, de même que Saba et Shéba comme royaumes d'origine des mages, probablement dans le but de contester la tradition des deux mages du *Commentaire du Diatessaron* et de s'attacher au motif des douze. *La Révélation des mages* se conclut avec l'apôtre Thomas, qui missionne les mages pour partir prêcher la venue du Christ, soulignant l'analogie entre apôtres et mages, et faisant de ces derniers des apôtres des païens. Plus tardivement, aux XIIe et XIIIe siècles, bien que le nombre des mages et que leurs noms soient désormais fixés en contexte syriaque, des auteurs continuent d'élaborer un symbolisme de leurs offrandes, à l'instar de Denys bar Salibi ou de Salomon de Bassorah et son *Livre de l'Abeille*, dans lequel chacun des dons est associé à un groupe de quatre mages.

Témoignages d'une dévotion vivante

Les mages, qui, comme nous l'avons vu, ont été à l'origine d'intenses spéculations dans bien des écrits chrétiens d'Orient comme d'Occident, sont devenus des figures essentielles du récit matthéen, mais aussi de l'élaboration christologique au fil des siècles. Cette présence textuelle se double de vestiges, dans lesquels la tradition chrétienne voit les témoignages du passage des mages, à commencer par Bethléem, dans l'actuelle Cisjordanie. Face à la mangeoire qui aurait accueilli l'enfant Jésus dans la grotte de la Nativité se trouve « l'autel des mages » qui commémore leur venue. Pourtant, à bien regarder le récit de Matthieu, on constate que les mages ne sont pas venus trouver et adorer l'enfant dans la grotte, mais dans une maison : « Ils entrèrent dans la maison, virent le petit enfant avec Marie, sa mère, se prosternèrent et l'adorèrent… » (Mt 2,11). Quant à l'Europe, elle n'est pas en reste. La cathédrale de Cologne a été spécialement édifiée pour être l'écrin de précieuses reliques rapportées par Frédéric Barberousse après sa conquête de Milan en 1164, durant laquelle aurait été découvert un sarcophage contenant trois corps considérés comme ceux des mages. Dès le XIe siècle, en effet, la tradition

***Vierge à l'Enfant et les rois mages*, manuscrit arménien des *Évangiles d'Etchmiadzin*, Xe siècle. Erevan, Matenadaran, Ms 2374, fol. 229.**

milanaise considère que les mages sont des missionnaires baptisés par l'apôtre Thomas (à l'instar du récit syriaque de *La Révélation des mages*), dont les dépouilles auraient été découvertes à Saba par sainte Hélène, mère de l'empereur Constantin, et auraient été amenées à Milan dès le IVe siècle. Les reliques sont abritées dans une superbe châsse des XIIe-XIIIe siècles, en argent et cuivre doré avec filigranes et pierreries et dotée d'une iconographie extrêmement riche, qui en font un objet liturgique et sacré vénéré chaque année par des milliers de pèlerins. La Grèce possède également, au monastère Saint-Paul sur le mont Athos, un reliquaire qui contiendrait l'or, la myrrhe et l'encens offerts par les rois mages. Ces offrandes auraient, selon la tradition orthodoxe, été apportées à Constantinople par l'empereur Arcadius à la fin du IVe siècle ; elles auraient ensuite été confiées au monastère grec au XVe siècle par la fille d'un prince serbe lors d'un pèlerinage. →

Haut: *Saint Matthieu*, manuscrit de l'École française, 1120-1140. Ms Ludwig II 3, fol. 9 v.
Bas: Sarcophage du IVe siècle représentant les rois mages de l'église Saint-Jean-Baptiste de Castiliscar en Espagne.

→ Une longue tradition iconographique

L'importance des rois mages dans le christianisme se déploie également dans une abondante iconographie chrétienne dès les premiers siècles. Le motif se retrouve déjà au IIe siècle dans les catacombes de Priscille, et de Domitille au IVe siècle, témoignant de son implantation durable au cœur du christianisme romain. Un imposant sarcophage de la même période, actuellement conservé dans l'église Saint-Jean-Baptiste de Castiliscar en Espagne, figure également les rois mages. Dès ces premières occurrences en contexte occidental, on dénombre trois personnages anonymes, tous de profils, vêtus à la manière persane et le manteau au vent, couverts d'un bonnet phrygien, tendant leurs offrandes à la Vierge et à l'Enfant.

Aux Ve et VIe siècles, les mages font l'objet de représentations plus détaillées, distinguant progressivement les trois personnages en dégageant leurs caractéristiques physiques et vestimentaires. Dans la basilique Saint-Apollinaire-le-Neuf de Ravenne, une riche mosaïque figure les trois mages, chargés chacun d'un présent, sous les traits des trois âges de la vie (jeunesse, maturité, vieillesse), exemple précoce d'une pratique iconographique qui sera davantage courante à partir du Moyen Âge.

Vers le Xe siècle, les costumes persans disparaissent au profit de vêtements contemporains et de couronnes royales, leur nombre est définitivement fixé, et l'attribution des trois âges devient récurrente. Quant au décor, on observe que la grotte qui abritait la Vierge et l'Enfant dans certaines représentations laisse le plus souvent place à une étable au milieu de ruines.

La Renaissance voit le motif s'imposer définitivement comme l'un des plus populaires de l'iconographie chrétienne, en particulier en Italie, avec des chefs-d'œuvre des peintres Giotto, Fra Angelico, Botticelli ou encore Léonard de Vinci; mais le thème est également prisé des enlumineurs (avec l'exemple des superbes *Très Riches Heures du duc de Berry* au XVe siècle) et dans les arts décoratifs (tapisseries, reliquaires, ivoires...). Aux XIVe et XVe siècles, on voit apparaître, notamment chez les peintres ibériques et flamands, l'un des trois mages figuré sous les traits d'un roi maure ou africain. À l'époque baroque, la théâtralisation des œuvres picturales jouera sur les contrastes dans les couleurs de peau et des habits des rois mages, insistant sur l'orientalisme (animaux sauvages, plantes exotiques...) et le luxe des matériaux, notamment chez Rubens.

Les exemples sont nombreux et déclinent au fil des siècles, chacun à leur manière, cet épisode fondamental du récit évangélique, établissant le Christ comme le Sauveur attendu par tous, selon l'interprétation christologique de versets de l'Ancien Testament: « Tous les rois se prosterneront devant lui, toutes les nations le serviront, car il délivrera le pauvre qui crie et le malheureux que personne n'aide. Il aura pitié du faible et du pauvre, et il sauvera la vie des humbles; il les rachètera de l'oppression et de la violence, et leur sang aura de la valeur à ses yeux » (Ps 72,11-14). ✣

Raphaël Buisson-Rozensztrauch

Les rois mages suivent l'étoile du berger, Codex de Grégoire de Nazianze, manuscrit de la fin du IXe siècle, peinture sur vélin. Milan, bibliothèque Ambrosienne.

Suivre l'étoile de Noël

Dans l'histoire de la Nativité, autour de la crèche, les mages occupent une belle place. Leurs chameaux, leurs habits rutilants, les cadeaux qu'ils offrent à l'enfant Jésus excitent l'imagination. Avec les mages, c'est toute la magie de l'Orient qui débarque à Bethléem. D'où viennent ces personnages, qui brillent le temps d'une naissance et disparaissent ensuite de l'Évangile ? Mais comment comprendre le récit livré par Matthieu, l'évangéliste ?

L'ÉVANGÉLISTE MATTHIEU EST SEUL À RACONTER LA VENUE DES MAGES à Bethléem (2,1-12). Il a visiblement rédigé lui-même ce récit, qui porte tous les traits de sa plume, en recueillant une légende orale qui circulait dans sa communauté. Il n'était pas rare, dans l'Antiquité, que l'on raconte comment la naissance d'un personnage important (roi, empereur, général) a été signalée par des événements prodigieux. Dans son *Histoire naturelle* (30,1,16), Pline l'Ancien rapporte la venue de mages de Perse pour honorer l'empereur Néron, ce que confirme l'historien Suétone (*Vie des Césars*, *Néron*, 13). Mais surtout, des commentaires juifs du livre de l'Exode racontent que la naissance de Moïse a été annoncée à Pharaon par des astrologues, et que le souverain, alarmé, ordonne le massacre des enfants mâles d'Israël. La ressemblance avec Matthieu est frappante. De tels récits circulent donc au premier siècle, également à propos de Jésus.

Des mages suspects

Mais il est étonnant que Matthieu, justement, ait recueilli cette légende. Car cet évangéliste a été →

Le mage antique est une figure à la fois estimée pour son savoir & suspectée dans sa pratique.

***Les rois mages face au roi Hérode*, atelier de la Seu d'Urgell, XIVe siècle, peinture sur bois. Vic (Catalogne), Musée épiscopal.**

→ écrit à l'intention d'une communauté chrétienne d'origine juive, proche de la Synagogue; c'est à Antioche-sur-l'Oronte, métropole syrienne, que l'on situe l'Église à laquelle Matthieu destine son Évangile dans les années 80. Or, les mages n'ont pas bonne presse dans la culture juive.

Le terme «mage» (en grec *magos*) provient d'une caste sacerdotale de l'ancienne religion perse. Les mages étaient des spécialistes en astronomie et en astrologie. Par extension, on a donné ce nom à tous ceux qui, doués de compétences astrologiques, étaient en mesure de prédire l'avenir. Et aussi d'interpréter les rêves. Leur science s'appuie sur les lois invariables régissant la nature, les humains et les dieux.

Dans l'Empire romain, il n'était pas de personnage politique éminent qui n'ait à sa cour un mage, consulté avant de prendre une décision importante ou pour connaître les périodes favorables à une démarche. Les mages constituaient ce que l'on peut appeler l'élite spirituelle du monde païen, auréolée du prestige attaché au savoir venu d'Orient.

Mais le judaïsme a toujours été réticent à l'égard de ceux qui prétendaient prédire l'avenir, alors qu'il n'appartient qu'à Dieu. «On ne trouvera pas chez toi [quiconque] pratique divination, incantation, mantique ou magie» (Deutéronome 18,10). Le mage est assimilé au magicien et au sorcier. L'origine inconnue de sa science le fait suspecter de charlatanisme ou d'occultisme. Dans la polémique religieuse, chez les écrivains gréco-romains également, l'accusation de magisme est une arme courante en vue de disqualifier l'adversaire. Bref, le mage antique est une figure à la fois estimée pour son savoir et suspectée dans sa pratique.

Suivre l'étoile

Or, malgré la réticence juive envers les mages, Matthieu accueille une histoire qui ne les décrie pas. Au contraire, elle les met en valeur. Les mages arrivent à Jérusalem guidés par une étoile, un astre apparu à l'Orient, en qui ils ont déchiffré l'annonce d'une naissance. «Où est le roi des Juifs qui vient de naître?», demandent-ils.

L'idée que chaque individu avait son étoile, apparaissant à sa naissance et disparaissant à sa mort, était courante dans l'Antiquité. Mais les personnes importantes, les rois, les seigneurs, disposaient d'une étoile particulièrement brillante. Sur des pièces de monnaie frappées à l'effigie d'Alexandre le Grand, de César, d'Auguste, d'Hérode, une étoile figure comme symbole de leur pouvoir royal.

La lectrice, le lecteur de l'évangile de Matthieu ne s'étonne donc pas d'apprendre que l'apparition d'une étoile nouvelle et brillante fasse conclure à la naissance d'un nouveau roi. Il s'en étonnera d'autant moins s'il a en mémoire la vieille prophétie de Balaam rapportée dans le livre des Nombres. Balaam est un prophète non-juif, que la tradition va taxer de mage. Il annonce qu'Israël, menacé militairement à l'époque, sera délivré par la venue d'un nouveau souverain: «Un astre issu de Jacob devient chef, un sceptre se lève, issu d'Israël» (Nombres 24,17). Cet oracle stellaire énoncé par un mage païen est resté célèbre dans la foi juive. Il n'est pas douteux qu'il est présent à l'esprit des lecteurs de Matthieu, lorsqu'ils apprennent l'histoire de la venue des mages d'Orient à la naissance de Jésus.

Les mages versus Hérode

Ce que déclenche l'arrivée des mages déjoue tous les pronostics. À la nouvelle que ces savants viennent adorer le roi des juifs, au lieu d'accueillir avec joie cette perspective, le roi Hérode «et tout Jérusalem avec lui» furent troublés. Hérode le Grand convoque les experts religieux que sont les grands prêtres et les scribes pour s'enquérir du lieu où doit naître ce nouveau roi. Les experts de l'Écriture donnent la réponse juste: à Bethléem de Judée. Ils citent leur source: une prophétie de Michée (5,1), complétée par un extrait de 2 Samuel 5,2: «c'est de toi que sortira le chef qui fera paître Israël, mon peuple». Or, étonnamment, ces experts ne tirent aucune conclusion de cette découverte. Ils localisent la →

***L'étoile annoncée par Balaam*, peinture murale de la catacombe de sainte Thècle, à Rome, vers 300-350.**

Avec les mages, l'horizon s'ouvre à l'universalité.

→ naissance de ce chef, mais sans s'y précipiter. Ils font une exégèse correcte, mais sans tenir compte de ce qu'elle révèle. Quant à Hérode, il a perçu d'emblée le danger. Entre lui, le roi, et ce «roi des juifs» à naître, la rivalité est déclarée. C'est pourquoi il tente d'instrumentaliser les mages en leur demandant de vérifier la naissance à Bethléem et lui faire rapport «pour que, moi aussi, j'aille lui rendre hommage». L'hypocrisie suinte, et de la part de ce roi détesté par la tradition juive, le doute n'est pas permis: comme Pharaon à la naissance de Moïse, Hérode nourrit des intentions mortifères. Le rival est à abattre.

Le récit de Matthieu est visiblement polarisé. Il construit une opposition forte entre d'un côté les mages qui viennent adorer le roi nouveau-né, de l'autre côté Hérode qui veut éliminer celui qu'il prend pour un rival. Cette opposition est paradoxale, car les adorateurs du «roi des juifs» sont des païens, tandis que les ennemis du Messie d'Israël sont ses coreligionnaires. Pour confirmer cette inversion des rôles, le massacre des enfants de Bethléem ordonné par Hérode (Matthieu 2,16) reduplique exactement la tuerie des nouveau-nés israélites décidée par Pharaon à la naissance de Moïse. Dans cette typologie, le roi Hérode endosse le rôle du tyran égyptien ennemi d'Israël, tandis qu'aux mages est assignée la mission de se prosterner devant le roi-Messie. C'est ainsi que des païens saluent l'advenue d'un roi pourtant destiné à être le Sauveur d'Israël, tandis que les experts religieux du judaïsme se font les complices du projet mortifère d'Hérode. L'inversion des rôles ne saurait être plus radicale.

L'étonnement vient néanmoins de la collusion entre Hérode et la ville de Jérusalem. «Tout Jérusalem» fut troublé avec le roi, écrit l'évangéliste; mais la ville ne s'émeut pas et ses habitants ne se déplacent pas avec les mages pour vérifier la nouvelle. Jérusalem fait bloc avec le roi sanguinaire. Cette alliance est un effet voulu par l'évangéliste. Elle préfigure, au début de la vie du Christ, ce qui dominera sa fin: la collusion entre les Jérusalémites et le parti du grand prêtre pour condamner Jésus et réclamer sa mise à mort. Au seuil du récit évangélique se profile déjà l'ombre de la Croix. Matthieu a modelé son récit pour préfigurer le drame qui éclatera à la Passion.

L'offrande

La tradition de lecture a statué que les mages étaient au nombre de trois, puisque trois cadeaux sont mentionnés : l'or, l'encens et la myrrhe. Le texte n'en dit rien. De même, à partir du VIe siècle, elle baptisa les mages du nom de rois ; Césaire d'Arles (470-542) est le premier à avoir fixé cette lecture. La tentation, pour l'Église ancienne, était trop forte d'instrumentaliser le récit pour en faire l'emblème de la subordination du politique au religieux. Ainsi, la dimension savante et païenne des mages a été effacée de la lecture du texte.

Les trois cadeaux ont fait l'objet de nombreuses interprétations symboliques. Myrrhe et encens sont un condensat odoriférant de résine. Depuis Irénée (IIe siècle) et Origène (IIIe siècle), la myrrhe renvoie à la mort de Jésus, l'or à sa dignité royale, l'encens à sa divinité. Pour d'autres, l'encens avec son usage cultuel renvoie à la dignité du Christ grand prêtre, magnifiée dans l'épître aux Hébreux. Ces lectures allégoriques témoignent de la dogmatique ecclésiastique. Au niveau du texte matthéen, la lecture la plus obvie retient que ces savants venus d'Orient apportent les présents les plus précieux et les plus coûteux de leur région. En Occident, myrrhe et encens sont des produits d'exportation au prix fort élevé.

Gauche : *Les rois mages en adoration*, statues de l'atelier de Hans Thoman à Memmingen en Allemagne, vers 1515-1520, bois peint et doré. New York, Metropolitan Museum of Art.
Droite : *Le voyage des rois mages*, Sassetta, 1433-1445, peinture sur bois. New York, Metropolitan Museum of Art.

Hérode cherchait à manipuler les mages en leur demandant de revenir à lui pour confirmer la localisation du « roi des juifs », prétextant un désir d'aller l'adorer, lui aussi. Mais, avertis en songe de ne pas retourner vers Hérode, ils se retirent dans leur pays en empruntant un autre chemin (Matthieu 2,12). Le projet d'Hérode a donc été déjoué. Le songe est le médium traditionnel pour une révélation secrète de Dieu. Juste auparavant, c'est également en songe que Joseph avait été prévenu de ne pas répudier Marie pour cause de grossesse hors mariage (Matthieu 1,18-25). Ici, les mages sont les bénéficiaires d'une communication céleste qui confirme la guidance divine de l'histoire.

Ironiquement, encore une fois, le Dieu d'Israël se fait entendre des païens alors que les membres de son peuple restent fermés à ses initiatives. →

Denier d'argent à l'effigie de Jules César, avec une étoile, symbole du pouvoir royal, Ier siècle.

© NPL/OPALE.PHOTO

Un salut universel

Pourquoi Matthieu a-t-il inséré dans son évangile de l'enfance la légende de l'adoration des mages ? Posons la question à l'inverse : si l'on supprime la venue des mages de l'histoire de la Nativité, que manquerait-il ? Sans eux, l'événement serait totalement interne à la culture juive. Avec les mages, l'horizon s'ouvre à l'universalité. Autrement dit : la venue des mages symbolise le fait que le Sauveur d'Israël sera en même temps le Sauveur du monde. Avec eux, par anticipation, l'envergure universelle du mouvement de Jésus est préfigurée. Matthieu le fera savoir en plaçant sur les lèvres du Ressuscité, à la toute fin de son évangile : « Allez, de toutes les nations faites des disciples, les baptisant au nom du Père et du Fils et du Saint Esprit » (Matthieu 28,19). Cette ouverture finale à toutes les nations fait écho à l'ouverture initiale que constitue la venue de mages représentants des nations de l'Orient.

Un dernier motif est à considérer. Matthieu oppose des savants astrologues (dont la science est décriée) au bloc formé par le clan des grands prêtres et les scribes. Là où les astrologues réussissent, les experts de l'Écriture trébuchent. Les mages se sont mis en marche sur la base d'une révélation miraculeuse, l'étoile, que leur science les prédisposait à découvrir. Les chefs et les théologiens d'Israël connaissent par les Écritures ce que les mages cherchent depuis l'Orient lointain, mais ils n'en font rien. Derrière cette ironie, on peut discerner la contestation que Jésus va élever face à la lecture que pharisiens et scribes font de la Torah. À leur interprétation qui dilue la volonté divine, Jésus opposera sa propre lecture, focalisée sur l'impératif radical du commandement d'amour (Matthieu 5–7). L'exégèse à laquelle ils procèdent pour identifier Bethléem comme lieu de naissance de Jésus demeure stérile, car elle ne les met pas en route.

L'épisode des mages condense décidément, et avec art, une dramatique que l'Évangile va s'ingénier à déployer. ✢

Daniel Marguerat,
exégète, professeur honoraire de l'université de Lausanne. Faculté de théologie et de sciences des religions

UNE SÉLECTION ➤ LE MONDE DE LA BIBLE

ORGANISÉ PAR ➤ BIPEL

3 voyages d'exception

accompagnés par des conférenciers spécialistes en archéologie & histoire des religions

DU 23 FÉVRIER AU 3 MARS 2025

La sainte famille, traditions & dévotions égyptiennes

Selon la tradition, le christianisme fut introduit en Égypte par la Sainte Famille fuyant les persécutions d'Hérode. Une tradition que les coptes tiennent pour historique et une dévotion dont la ferveur ne faiblit pas. L'Église copte rassemble aujourd'hui plusieurs millions de fidèles.

Accompagné par Christian Cannuyer, docteur en égyptologie, coptologue et historien des religions, professeur émérite à la Faculté de Théologie de Lille.

JORDANIE

DU 31 MARS AU 8 AVRIL 2025

La Jordanie biblique

La Jordanie, pour les juifs et les chrétiens, est « l'autre pays de la Bible ». Visiter la Jordanie, c'est donc revenir aux sources d'une histoire religieuse pluri-millénaire.
De Gadara à Pétra, en passant par le Mont Nébo, vous découvrirez les sites majeurs de la Jordanie biblique dont certains sont encore vibrant de la tradition chrétienne des lieux saints.

Accompagné par Estelle Villeneuve, archéologue, spécialiste du Proche-Orient biblique.

DU 26 MAI AU 1ER JUIN 2025

Pierre & Paul, de Naples à Rome le destin des apôtres

Depuis la baie de Naples jusqu'à la via Appia à Rome, cet itinéraire inédit suit au plus près les nombreux témoignages toujours visibles de dévotion locale envers les deux apôtres. L'occasion aussi de visiter le Duomo de Naples, la basilique Saint-Pierre de Rome, le Vésuve, et Herculanum.

Accompagné par Raphael Buisson-Rozensztrauch, journaliste spécialisé dans l'histoire antique, les religions, il est également professeur à l'ICP.

PHOTOS : © ADOBE STOCK

PROGRAMME ET INSCRIPTION : TÉL : 02 99 30 58 28 – COURRIEL : BIPEL.VOYAGES@BIPEL.COM

La longue histoire de l'Épiphanie

Célébrée le 6 janvier, la fête de l'Épiphanie commémore le baptême de Jésus chez les chrétiens d'Orient et l'Adoration des mages en Occident. Quel est le sens de cette fête populaire ? De l'Antiquité à nos jours, voici son histoire…

Décoration de Noël
à Bethléem,
en Cisjordanie.

© JEAN-MATTHIEU GAUTIER/HANS LUCAS

Le 6 janvier 1429, une foule de près de 700 cavaliers s'ébranle dans les rues de Florence; elle constitue le cortège qui accompagne les mages dans une immense procession qui traverse la cité. Les décorations fleurissent aux fenêtres des palais et des demeures pour célébrer le passage des rois mages. Cette fête de l'Épiphanie est très éloignée de notre traditionnelle galette des rois. Pour autant, la mise en scène de l'Adoration des mages fut une tradition médiévale très vive qui puise ses racines dans l'héritage antique et qui fait le lien avec nos conceptions contemporaines de l'Épiphanie.

Aux origines de l'Épiphanie

En Grèce antique, une épiphanie désigne une apparition soudaine et par extension une apparition divine (Plutarque, *Vie de Thémistocle*, 30,6). Plus rarement, le terme indique ce qui brille soudainement (Platon 1Alc, 124c). C'est dans cet univers lexical, que les évangélistes et les pères de l'Église vont puiser pour donner un sens chrétien au terme «épiphanie».

Si le plus ancien témoignage sur la fête de l'Épiphanie est celui d'Éphrem de Nisibe (306-373), les références aux mages sont bien antérieures. Le point de départ en est évidemment l'évangile de Matthieu (2,1-12). Comme le souligne le catéchisme de l'Église catholique (528), cet épisode est très riche théologiquement: «Dans ces mages, l'Évangile voit les prémices des nations qui accueillent la Bonne Nouvelle du salut par l'Incarnation.» Mais, de l'évangile de Matthieu au catéchisme dans sa dernière version, plusieurs siècles se sont écoulés durant lesquels l'Épiphanie est devenu un temps fort de l'année liturgique, puis une fête qui a progressivement vu sa dimension religieuse s'atténuer.

Durant les années 385-390, les témoignages se multiplient sur l'existence de la fête de l'Épiphanie: il s'agit d'une fête de l'Incarnation, des lumières, des mages et du baptême de Jésus-Christ. En 360, sa popularité semble déjà bien établie comme en témoigne la participation du futur empereur Julien à la cérémonie religieuse à Lutèce: «Le jour de la fête que les chrétiens appellent Épiphanie et qu'ils célèbrent au mois de janvier, il se rendit à leur église, puis se retira après avoir prié officiellement leur divinité» (Ammien Marcellin, *Res Gestae*, 21,2,5). Toutefois, Jean Chrysostome, dans son *Homélie sur le baptême de Notre-Seigneur et sur l'Épiphanie*, prononcée le 6 janvier 387, s'interroge sur son contenu: «Que la fête de ce jour soit appelée Épiphanie, personne ne l'ignore [...], comment se fait-il pourtant que l'on appelle Épiphanie, non pas le jour où le Seigneur est né, mais →

La fête de l'Épiphanie a vu sa dimension religieuse s'atténuer.

→ celui où il a été baptisé ? C'est à pareil jour, en effet, qu'il a reçu le baptême et qu'il a sanctifié l'eau. » Jean Chrysostome fait écho à certaines traditions proches-orientales qui initialement célébraient dans l'Épiphanie l'Incarnation du fils de Dieu. Ce n'est que dans un second temps, peut-être sous l'influence du gnosticisme, que le baptême de Jésus y fut associé, ainsi que le premier miracle de Jésus lors des noces de Cana lorsque l'eau fut changée en vin. Ces coutumes liées à l'eau relèvent de formes de syncrétisme dont Jean Chrysostome fut un témoin oculaire : « Les fidèles vont puiser vers le milieu de la nuit et emportent dans leur maison une certaine quantité d'eau baptismale, qu'ils conservent toute l'année en souvenir de la sanctification accordée, pareil jour, à cet élément » *(Homélie sur le baptême de Notre-Seigneur et sur l'Épiphanie)*. Tout laisse à penser que ces pratiques gardent témoignages de rites païens antérieurs.
Ces fêtes, décrites par Jean Chrysostome, se déroulaient principalement le 11 tybi (6 janvier) dans le calendrier égyptien. Tout comme la fête païenne de Sol invictus (« Soleil invaincu ») fut christianisée pour devenir Noël, le solstice d'hiver égyptien a probablement été christianisé sous l'influence d'Épiphane de Salamine. Durant le IVe siècle, la distinction entre les célébrations des fêtes de Noël et de l'Épiphanie se structure et les dates se figent mais là où l'Orient va mettre en exergue le baptême, l'Occident va se focaliser sur l'Adoration. L'Arménie continue de célébrer la Nativité et l'Adoration, à la même date, le 6 janvier.
Ces traditions perdurent dans le monde orthodoxe. C'est en Éthiopie que ce rite est le plus spectaculaire : le 19 janvier, le Timqet est la célébration de l'Épiphanie et plus particulièrement du baptême de Jésus dans le Jourdain.

1

Une prédilection pour les mages en Occident

Si, en Orient, l'Épiphanie correspond avant tout à la célébration du baptême du Christ, en Occident, c'est la venue des mages qui a pris une place prépondérante. Juvencus, un poète chrétien du IVe siècle, s'intéresse à leurs dons : « De l'or, de l'encens, de la myrrhe, au roi, à Dieu, à l'homme » *(Evangeliorum libri)*. Ces dons sont un motif iconographique qui se retrouve sur des sarcophages dans les catacombes. Les artistes insistent sur l'importance de l'offrande en représentant fréquemment des mains surdimensionnées. Il n'est pas rare de retrouver le défunt parmi le cortège des mages, espérant obtenir le salut en les imitant comme Césaire d'Arles invite les fidèles à le faire (Sermon 139).
Avec saint Augustin (354-430) et Bède le Vénérable (672-735), dans son *Commentaire sur l'évangile de Matthieu*, s'opère un tournant interprétatif ; celui de la différenciation des mages. Cette différenciation est géographique : ils symbolisent les trois parties du monde. Elle est onomastique : c'est l'apparition des noms de Balthazar, Gaspard et Melchior. Toutefois, il faudra près d'un demi-millénaire pour que leur usage devienne courant. Elle est physique : Melchior est vieux et barbu, Gaspard est jeune et imberbe, Balthazar est soit entièrement barbu, soit noir de peau. Ces distinctions vont abondamment nourrir les représentations artistiques des siècles suivants.
Les mondes carolingien et anglo-saxon s'emparent →

1. ***Adoration des mages*, bénédictionnaire d'Æthelwold rédigé par Godeman pour l'évêque de Winchester, vers 971-984, Ms Add. 49598, fol. 24v.**
2. ***Fêtes romaines (Saturnales)*, Roberto Bompiani, vers 1880, huile sur toile, 127 x 163,8 cm. (voir p. 116)**
3. ***Le tirage de la fève de l'Épiphanie* ou *Le roi boit*, Jan Steen, 1688, huile sur toile, 82 x 107 cm.**

2

© THE J.PAUL GETTY COLLECTION, LOS ANGELES

3

MUSEUMLANDSCHAFT HESSEN KASSEL, GEMÄLDEGALERIE ALTE MEISTER © BPK, BERLIN, DIST.RMN-IMAGE MHK

1

2

3

4

5

6

7

8

à leur tour de la symbolique liée aux mages pour en faire des souverains. Une des plus anciennes représentations est celle du bénédictionnaire commandité par Æthelwold, l'évêque de Winchester, de 963 à 984. Les trois mages portent désormais une couronne, et le premier ne présente pas à l'enfant Jésus de l'or mais trois diadèmes entrecroisés, symboles du pouvoir et du triomphe. Dans l'art royal ottonien et anglo-saxon, le souverain est présenté comme l'image du Christ ; les mages sont des souverains secondaires qui viennent légitimer l'onction royale par leur adoration.

La dimension sociale et politique de la fête de l'Épiphanie

Entre la fin du Xe siècle et la fin du XIIe, près d'une vingtaine de drames liturgiques mettant en scène l'Adoration des mages sont composés en Europe. Ils représentent non seulement l'Adoration mais également la rencontre des mages avec Hérode et le massacre des Innocents. Ces traditions théâtrales semblent être d'origine laïque ; la plus ancienne pièce *(Auto de los Reyes Magos)* a été rédigée en langue vernaculaire, au XIIe siècle, en Castille. Ces pièces, si elles ont pu être jouées pendant la messe, comme le montrent les indications scéniques de la pièce dite « de Rouen », pouvaient également être interprétées la nuit précédent l'Épiphanie. Cette période qui s'ouvre avec l'an mil donne une forte dimension politique et sociale à la fête de l'Épiphanie. Dans une pièce rédigée à Freising, dans l'actuelle Allemagne, le clergé met en scène un Hérode fou et violent qui est une critique à peine voilée de l'empereur Henri IV alors en pleine lutte contre le pape Grégoire VII. En 1164, Frédéric Ier qui souhaite punir la ville de Milan fait transférer les reliques des rois mages dans la cathédrale de Cologne, dont l'archevêque est un de ses plus proches conseillers. D'après *La Légende dorée* (1261-1266) de Jacques de Voragine, ces reliques avaient été trouvées par Hélène, la mère de Constantin, puis auraient été transférées de Constantinople à Milan, au milieu du IVe siècle. Le symbolisme social et politique associé aux rois mages va traverser le Moyen Âge jusqu'à la Florence des Médicis.

© CCI/BRIDGEMAN IMAGES

Dans le monde orthodoxe, la l'Épiphanie demeure un temps fort religieux.

Au XVe siècle, à Florence, les deux principales fêtes sont la Saint-Jean et l'Épiphanie. Pour cette dernière, une confrérie a été créée afin d'organiser la procession reconstituant le voyage des mages. C'est l'occasion de montrer la puissance et la richesse de la cité. En 1408, le culte des mages est reconnu d'intérêt public à Florence. Mais, les problèmes économiques des années 1440 rendant difficile le financement de la procession, c'est à cette époque que Côme de Médicis devient un bienfaiteur incontournable de la confrérie chargée d'organiser la procession de l'Épiphanie. Le cortège traverse toute la cité en passant par les lieux emblématiques du pouvoir et aboutit au couvent San Marco, séjour symbolique de l'enfant Jésus. Au fur et à mesure des années, la procession est marquée par une surenchère de luxe et de magnificence dont le but principal est de montrer la prospérité de la cité et des Médicis. La dimension spirituelle a cédé le pas à la symbolique politique. →

Gauche : Les rois mages sont fêtés aujourd'hui dans de nombreux pays : Aix-en-Provence, France (1) ; Baden-Württemberg, Allemagne (2) ; Vilnius, Lituanie (3) ; Vatican, Italie (4) ; New York, États-Unis (5) ; Miahuatlán, Mexique (6) ; Barcelone, Espagne (7) ; Bruges, Belgique (8).
Droite : *Fête de l'Épiphanie en Espagne*, illustration tirée de *Le Petit Journal* du 11 janvier 1914.

© CARDI/PHOTOCUISINE

© MEYER/TENDANCE FLOUE

→ **Tradition et culture populaire**

En France, à la fin du Moyen Âge, une coutume bien différente apparaît : le « repas des rois » qui se terminait par une galette munie d'une fève. Si certains pensent voir la permanence de traditions héritées de la Rome antique et plus particulièrement des Saturnales, il paraît difficile d'établir un lien direct en l'absence de tout document faisant référence à cette tradition entre la fin de l'Antiquité et le XIVe siècle. Il faut plutôt y voir une manifestation semblable aux charivaris et aux carnavals durant lesquelles les normes sociales sont temporairement renversées. Louis II de Bourbon (1339-1410) faisait roi un enfant pauvre de huit ans le jour de l'Épiphanie. Durant cet honneur d'une journée, de l'argent était récolté pour lui garantir une bonne éducation. La tradition de la galette, et de la fève, s'enracine rapidement et rencontre un tel succès que même l'absolutisme de Louis XIV s'en accommodera.

Avec la Révolution, la question du maintien de la galette des rois se pose et, dès 1789, certains suggèrent que le sort pourrait bien donner la fève à la nation. C'est en 1793 que la fête est réellement menacée. Le 6 janvier 1793, la Convention est en plein procès du roi : les plaidoiries se sont achevées le 26 décembre 1792 et les votes sur la culpabilité commenceront le 15 janvier 1793. Dans ce contexte particulier, le *Journal politique ou Gazette des gazettes* suggère de renommer la fête des Rois en « fête de l'Égalité », et le député Pierre-Louis Manuel propose à la Convention d'abroger la fête. Finalement, la fête survivra à la Révolution et renaîtra sans difficulté lors de la Restauration, preuve de l'ancrage dans la culture populaire de cette tradition.

Un sondage de 2012 montre que 85 % des Français célèbrent la fête des Rois.

Au terme de ce parcours historique, il convient de se demander ce que représentent l'Épiphanie et les traditions qui lui sont rattachées aujourd'hui. Pour beaucoup de personnes, la consommation de galettes en janvier est un acte complètement détaché de toute considération religieuse. Un sondage OpinionWay réalisé en 2012 montrait que 85 % des Français célèbrent la fête des Rois et plus du tiers consomment plusieurs fois de la galette durant le mois de janvier. À l'exception d'un cas notable lié à la distribution des galettes dans les écoles publiques de la ville de Brest, en 2013, aucune contestation publique de cette tradition au nom de la laïcité n'a eu lieu ces dernières années. La profondeur historique nous permet de voir que la désacralisation de cette fête, en Occident, est un processus long qui a pris sa source au Moyen Âge alors que dans le monde orthodoxe, elle demeure avant tout un temps fort religieux. ✣

Thomas Reyser

Vous êtes abonné(e) ?

PROFITEZ DE TOUS VOS CONTENUS EXCLUSIFS

Créez votre compte sur le site internet pour recevoir la newsletter abonné et lire votre revue en version numérique

ÉTAPE 1 Rendez-vous sur le site *mondedelabible.com* puis cliquez sur le bouton **« Se connecter »**

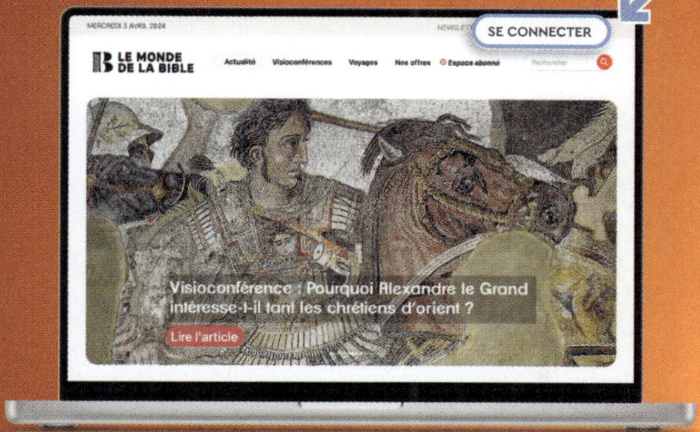

ÉTAPE 2 Sur la page suivante, cliquez sur le lien **« Je crée mon compte »**

ÉTAPE 3 Dans le menu « Mon abonnement », cliquez sur le lien **« Activez votre compte »**

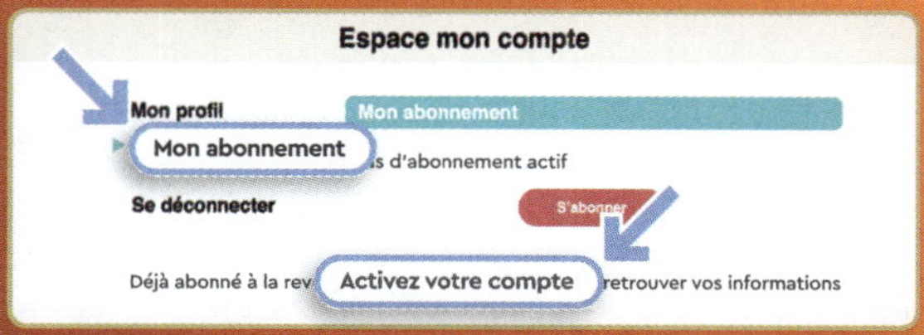

ÉTAPE 4 Renseignez vos coordonnées et votre n° d'abonné (il se trouve sur le papier enveloppant votre revue). Si vous ne retrouvez pas votre n° d'abonné, **cliquez sur ce lien**

ÉTAPE 5 Votre compte est activé, vous avez accès à votre **espace abonné** et à tous vos contenus réservés

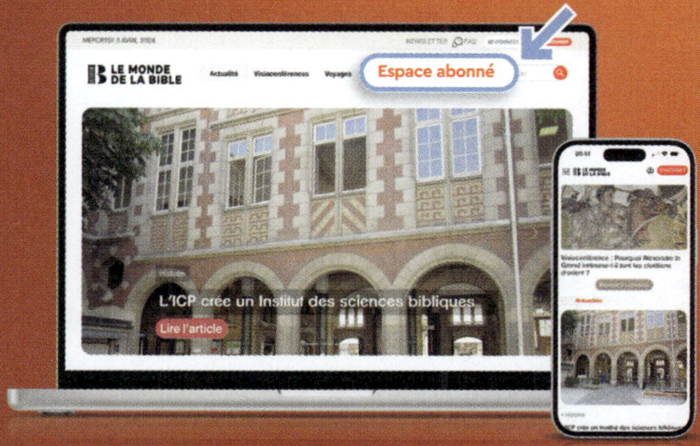

Si vous êtes abonné à l'offre intégrale (papier + numérique) **vous avez accès aux e-books et à la bibliothèque numérique.**

Design graphique Sébastien Bocquillon/Bayard

ESCALE

ITALIE

Cortège magnifique à Florence

Dans la chapelle privée du palais Médicis à Florence, une fresque, réalisée entre 1459 et 1460 par Benozzo Gozzoli, élève de Fra Angelico, illustre le cortège des rois mages, conduit par le mage Gaspard dont les traits reproduiraient ceux de Laurent le Magnifique. Elle célèbre dans une allégorie l'union des Églises d'Orient et d'Occident obtenue au concile de Florence en 1439, revendiquée par Cosme de Médicis comme une victoire diplomatique personnelle.
Cette fresque sublime s'étend sur trois murs.
La fête de la Cavalcata (cavalcade) est chère aux Médicis. Elle était organisée à Florence le jour de l'Épiphanie, tous les trois ans depuis 1390, sous l'égide de la confrérie des Mages. Logée au couvent San Marco, la confrérie est patronnée par la famille de Médicis. Les rois mages, du reste, partagent avec Jean Baptiste le saint protectorat de la cité.
Cette cavalcade se perpétue aujourd'hui.
Après une longue interruption, elle est la reprise annuelle depuis 1997 de la tradition médiévale. Un imposant cortège est mené par les rois mages suivis de 700 Florentins figurant des chevaliers et des soldats, des paysans et des artisans,

des dames et des seigneurs. La Cavalcata part depuis le palais Pitti et rejoint la place de la cathédrale (Duomo) en passant par le Ponte Vecchio. Arrivés devant le Duomo, les rois mages déposent leurs cadeaux devant l'enfant Jésus, présent dans une crèche vivante. La crèche rassemble, outre la Sainte Famille, l'âne et le bœuf ainsi que de nombreux animaux de ferme.
Sitôt les présents déposés par les mages, l'évêque lit et commente publiquement le récit de l'évangile de Matthieu concernant la venue des mages à Bethléem. ✣

Gauche : La Cavalcata dans les rues de Florence. Droite : *Le cortège de Gaspard*, Benozzo Gozzoli, XVe siècle, fresque de la chapelle des Mages du palais Medici-Riccardi, à Florence.

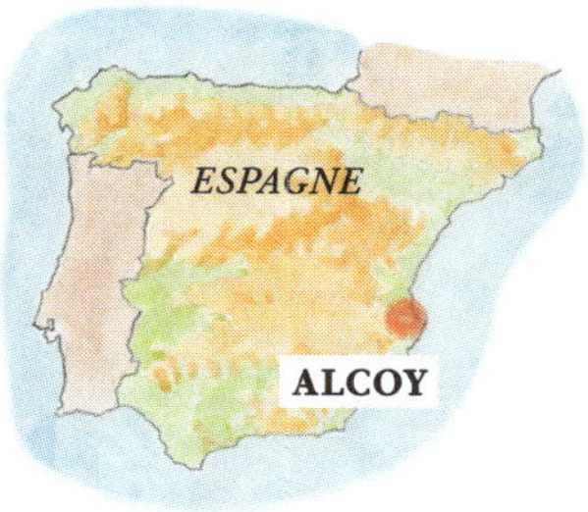

ESCALE

ESPAGNE

La Cabalgata de los Reyes Magos

En Espagne, les enfants attendent avec impatience la venue des rois mages. Et pour cause ! Ils sont censés apporter les cadeaux de Noël. Depuis plus d'un siècle, dans de nombreuses villes du pays sont organisées des cavalcades (Cabalgata de los Reyes Magos), dans la soirée du 5 au 6 janvier, moment joyeux où le cortège distribue à la foule bonbons et cadeaux. La plus ancienne des parades existerait à Alcoy, dans la région de Valence, selon une tradition établie dès 1866, puis officialisée en 1885. Tout commence le 4 janvier, journée de l'âne, quand un héraut annonce publiquement la venue des mages et reçoit les lettres des enfants que des ânes apporteront aux visiteurs venus d'Orient. Le lendemain matin, le 5 janvier, les familles sont invitées à visiter le campement des mages où l'on peut admirer les personnages en costume et les animaux de la parade dont les fameux chameaux intégrés au cortège depuis 1970. Dans la soirée, débute la cavalcade des mages et de leurs pages à travers la ville. Ces derniers portent des échelles pour accéder aux balcons et y distribuer des présents. La procession s'arrête sur la place principale où une crèche grandeur nature est dressée. Les mages descendent alors de leur monture pour se prosterner devant l'enfant Jésus. À la fin de l'adoration silencieuse, un feu d'artifice salue l'événement. Une nuit d'impatience attend alors les enfants qui n'ouvriront leurs cadeaux de Noël que le 6 janvier, jour férié en Espagne.
Si Alcoy revendique l'ancienneté, d'autres cavalcades rivalisent en démonstration : à Barcelone les mages viennent de la mer par bateau ; à Séville le défilé s'affiche parmi les plus spectaculaires ; dans la province de Huelva, le cortège de Higuera de la Sierra, composé de scènes bibliques de l'Ancien et du Nouveau Testament, revêt un intérêt exceptionnel qui lui vaut d'être reconnu comme « Fête d'intérêt touristique national en Andalousie ». ✣

Cabalgata de los Reyes Magos, dans les rues d'Alcoy.

JORDANIE / VOYAGE P. 72-75

La Jordanie biblique en 20 sites. Pour le judaïsme et le christianisme, la Jordanie est « l'autre pays de la Bible ». Des fils d'Abraham au Fils de l'Homme, elle fut une terre de traversées, de confrontations et de rencontres. Ce livre numérique du *Monde de la Bible* invite à découvrir les plus beaux sites de la Jordanie biblique. *Par Estelle Villeneuve, Matthieu Richelle, Konstantinos Politis, Pierre-Louis Gatier, Michaël Jasmin, Michele Piccirillo, Émilie Formoso, Hélène Criaud, Laïla Nehmé, Zbigniew Fiema.*

› Disponible dès à présent

GRÈCE / THESSALONIQUE P. 88-91

« Païens, chrétiens : un drôle de IVe siècle ». Terre de références culturelle et religieuse pour l'Empire romain païen, la Grèce est aussi mentionnée comme l'un des premiers foyers du christianisme balbutiant : Paul n'a-t-il pas créé les communautés de Philippes, Thessalonique, Corinthe ?
Par Sophie Laurant

› Archive disponible dès à présent.

SUR LES TRACES DES ROIS MAGES P. 92-121

« Hérode ou la saga des rois maudits ». Quel est cet Hérode sanguinaire dont parle l'évangéliste Matthieu ? Un Hérode n'en cacherait-il pas un autre ? Pourquoi ces Hérode sont-ils autant détestés ?
Par Daniel Marguerat, exégète et historien du christianisme des origines

› Archive disponible dès à présent

« Le motif de l'étoile dans la littérature juive et biblique ». L'étoile de Bethléem a des précédents dans la littérature juive messianique, y compris dans l'Ancien Testament. Que disent ses apparitions dans les écrits ?
Par David Hamidovic, historien du judaïsme ancien

› Inédit disponible le 10 janvier 2025

« L'astrologie, une science de l'Antiquité ? » Les mages venus d'Orient sont des astrologues qui suivent une étoile. Quelle est cette science éminente dans l'Antiquité orientale et gréco-latine ? Qui sont ces mages astrologues ? Quelle est leur véritable influence ?
Par Bertrand Lafont, assyriologue.

› Inédit disponible le 7 février 2025